# 管对

## 为什么好人主管不一定是好主管

日本知名顾问公司
经营者JP股份有限公司董事长兼执行长
——[日]井上和幸◎著——

刘锦秀◎译

中国出版集团
東方出版中心

图书在版编目（CIP）数据

管对：为什么好人主管不一定是好主管 /（日）井上和幸著；刘锦秀译. —上海：东方出版中心，2019.11

ISBN 978-7-5473-1546-0

Ⅰ. ①管… Ⅱ. ①井… ②刘… Ⅲ. ①企业领导学 Ⅳ. ①F272.91

中国版本图书馆CIP数据核字（2019）第214014号



**管对：为什么好人主管不一定是好主管**

出版发行 东方出版中心
地　　址 上海市仙霞路345号
邮政编码 200336
电　　话 021-62417400
印 刷 者 杭州日报报业集团盛元印务有限公司

开　　本 890mm × 1240mm 1/32
印　　张 5.375
字　　数 109千字
版　　次 2019年11月第1版
印　　次 2019年11月第1次印刷
定　　价 36.00元

# 前言

## 主管是“球员兼教练”，想赢还不累垮，有时要“狡猾”

在这篇前言的开始，先请问各位，面对下列情况，身为主管的你会怎么做？

“有些事不管我讲多少次，员工老是破罐破摔，不想做。”

“陪新员工解决难题，他却不懂得举一反三，下次又得从头教起。”

“A和B分别来找我谈，我发现双方都有问题，但他们又互相抱怨。”

“熬夜想出来的解决方案，底下的人却不赏脸，用各种意见表示不可行。”

“员工拍拍屁股下班回家，主管的工作永远做不完，不断恶性循环。”

“我明明也一堆事忙得要死，哪来的空闲开导员工啊？我又不是心理咨询师！”

“为何开会讨论事情的时候，员工永远一脸呆滞、不知所措？”

“他们早早下班，结果办公室只剩我这个主管忙到很晚，像话吗？”

如果你看了以上情况点头如捣蒜，那么也许你早在不知不觉中，成了老是被底下的人吃得死死的主管。但抱怨归抱怨，你还是希望整个团队的业绩越来越好，对吧？而且，身为主管不是该把事情交办下去，早早回家优哉游哉吗？**偏偏有很多人错把“管理”当“教育”，导致每天工作越做越多、带人越带越灰心**，一天比一天沮丧，还没赢得胜利就先把自己累垮了。为此，你需要“狡猾”的管理策略。

“狡猾”的管理怎么做？那些具体操作的小技巧，本书会一次性告诉你。

## 特供主管，员工不要（在主管面前）看

不过，我还是要郑重呼吁：各位主管，绝对、千万别让员工读这本书！

本书是一本完全站在主管、领导者的立场，采用与之相同的视角观察、撰写的职场带人技术手册。书里提供了许多能让员工乖乖

听话的具体做法，可以说是主管的“圣经”、员工的“克星”。如果你不慎让底下的人读了这本书，他们或许会觉得：“主管怎么这么狡猾？！”从而愤愤不平。

因此，如果你是那种一天到晚惹主管生气、被收拾得惨兮兮的员工，请你一定要假装不知道这本书的存在，不然你的职场生涯只会更痛苦。

但换个角度，**若你想预先知道主管会出什么招，不想等见了招才来拆招的话**，不妨先看看本书所讲述的种种“套路”，除了能收防范之效外，也许有一天换你当主管时，也能派上用场。

而为了让本书发挥最大功效，我强烈建议主管们，找个员工看不到的地方阅读，看完之后最好还要把书好好藏起来。

因为我在这本书里，给各位主管的建议是关于：

- 怎么从“好人”管理转换为“狡猾”管理？
- 如何从“老好人主管”变身为“好主管”？
- 各种努力“让自己不努力”的具体做法。

类似这些离经叛道、前所未闻的管理方法，绝对会令各位叹为观止，却又跃跃欲试。这些做法其实也没什么特别，你身为主管、领导者，唯一的任务就是带领整个团队迈向成功，只要心中有这种“不成功，便成仁”的坚持，其他的具体做法都可以慢慢学习。

一旦学会这招，你就能轻轻松松当主管，**明明多谋善断，却又**

**广受爱戴，让员工逢人便称赞你，说自己遇到了一个最明理的好主管**——这样不叫“狡猾”，什么才叫“狡猾”？

## 和旧观念“对着干”，有时是迈向成功的快捷方式

所以你会在接下来的章节中，读到许多乍看之下和旧有观念“对着干”的内容。但是，这些建议绝对不是在标新立异。相信各位阅读之后就会慢慢了解，这些内容其实就是让主管及领导者，能够率领团队迈向成功的快捷方式。

笔者现任经营者JP股份有限公司的董事长兼执行长，这是一家专门帮助普通员工成长为经营管理者的人才顾问企业。此外，我也担任经营人才培养和组织策略制定的顾问，不断研究各种提高经理人的经营、领导、专业、转职能力的有效方法，并以传达这项理念为终身职志。

后来，我不但从职场实务中归纳出一套独有的成功方程式，也将这套理论以浅显易懂的方式应用于各企业及个人客户，迄今已有超过8 000位经理人因而受惠。在面谈中，我常听到他们诉说自己的烦恼。例如：

“我真的非常努力，但不管我怎么循循善诱，员工就是不开窍，业绩始终不见好转，怎么办？”

“我私底下非常照顾员工，可是他们没人知道我的辛苦，整天只会跟我嬉皮笑脸，根本拿不出任何实质成绩。”

为了协助更多这类“球员兼教练”的苦命主管、领导者做好管理工作，我决定动笔写书，你手上这本《管对：为什么好人主管不一定是好主管》，就是我最得意之作。

主管究竟该怎么管理，才能成功让员工动起来？而在活络团队的同时，主管又该如何让自己保持最佳状态？

让我们继续看下去。

# 目　录

前言　主管是“球员兼教练”，想赢还不累垮，有时要“狡猾”　001

1　“狡猾”管理前的热身运动　001

1. 老是当好人，难怪你累不停　003
2. 努力不懈，变成不敢放手　005
3. 负责决策管理，还是擦屁股？　007

2　如何让属下愿意去做那些你自己办不到的事？　011

1. 什么样的团队会自己动起来？　013
2. 先搞清楚，员工重人情还是求表现　016
3. 说话时贯彻这种态度，员工就会动起来但不乱来　019
4. 让员工（觉得）自己做决定，他更有干劲　021
5. 把工作步骤可视化，让员工有样学样　025

3

## 让属下动起来，主管得“狡猾” 029

1. 不要反复示范，请多用引导式的提问 031
2. 交办任务，必须看菜吃饭，量体裁衣 037
3. 解说越详细，员工越反弹，你得…… 045
4. 与其示范一百次，不如每次都电邮抄送 050
5. 请他撰写并报告工作进度，你边听边建议 053
6. 员工犯错，你会怎么“追究”？ 055
7. 让他一刻不得闲，但每天准时下班 057
8. 放话要辞职？一句慰留都不必 059
9. 员工出状况，立刻批评但斥而不怒 061
10. 别把努力当筹码，你得做出成果 063

4

## 团队成员素质不一，这样领导你才轻松 065

1. 示弱：低价值的事，全部外包给员工 067
2. “众议独裁”，但功劳要归员工 071
3. 亲力亲为？好人主管形同打压下属 075
4. 公司内部的人际问题，必须公开解决 078
5. 重用“会做人”，而非“只会做人”的人 081
6. 你可以有个人喜好，但得偏重某些人 083

7. 用错一个人，教也没用，还会拖其他人下水 084
8. 主管应该偶尔故意不进办公室 087
9. 用类推思维来精准模仿，以复制成功 090
10. 如何管理“动物园团队”？ 092

5 恼人属下，这样管理 095

1. 做事拖拖拉拉→让他累积小小成功 097
2. 过于害怕失败→那就夸奖失败 100
3. 怕被人讨厌的“墙头草”→提醒他三件事 105
4. 过于渴望被肯定→夸他夸到他无感 107
5. 爱插手别人业务→提醒他、依赖他 108
6. 暴走型怪兽→他激动你就冷淡，给他归属感 110

6 当主管该有的心理素质——向阿德勒学几招 115

1. 当主管，立场很为难？因为太想改变别人 117
2. 对周遭事物敏感，对自己感觉迟钝 119
3. 那是员工的人生，你点到即可，别太投入 121
4. 没人讨厌你，表示你毫无表现 123
5. 理解你的主管，驳倒他不会让你胜利 125

6. 练习和内心的小恶魔交手，并占上风 128
7. 成为一个懂得感谢、给予他人勇气的人 130
8. 投资自己，有三种方式 132
9. 习惯从不背叛你，不论好坏 133

7 不想每天穷忙瞎忙，就运用七个小策略 137

1. 你必须表面有温度，内心有灵机 139
2. 展现五种个人特质，员工超想跟随你 140
3. 员工的自由，不能大到动摇你的位置 144
4. 先说清楚规矩，员工就不觉得受拘束 146
5. 用单纯对付复杂，从结论反推做法 147
6. 管理你的人缘和运气 149
7. 听见自己内在的声音，你就能引领自如 150

结语 最受人爱戴的，其实都是“狡猾”主管 153

后记 身为主管，我首度吐露的真心话 159

# “狡猾”管理前的热身运动

CHAPTER

1

CHAPTER

# 1

## 1. 老是当好人，难怪你累不停

为什么那个人可以早早回家，团队的成绩又这么亮眼?

现代职场上“球员兼教练”的主管越来越多，他们多半都是“蜡烛两头烧”，既要做自己的工作，又要管理团队。

根据2013年日本产业能率大学的调查，在上市企业担任部门主管的人，有99.2%都是“球员兼教练”。意即，在身兼管理职务之余，他们还是得和底下的员工做一样的工作。

实际上，“底下”有人就表示，自己原先的业务，其实有一部分（甚至全部）是可以交接给员工的。换句话说，你背负了管理职务，原本手头上的工作负担应该可以同时减轻——这理应是正常的状况，但在大多数情况下却并非如此。

事实上，各种主任、经理等管理者，**最大的烦恼就是“员工不受教”**。（根据上述调查，有40%的人有这个烦恼。）在工作负担完全没减轻的状况下，自己必须另外抽出时间培育员工，只为了提升业绩、壮大战力，然而，偏偏被教育的一方缺乏慧根，令主管伤透脑筋。

“不管我讲多少次，员工就是叫不动。”“明明教了好多遍，就是听不懂。”……大家的烦恼、心中的呐喊，我都听见了。

但是，即使状况这么不堪，我想各位为了顾及为人主管的尊严（还有公司的年终考核），表面上还是会装作没事、故作潇洒地表示：“我做得很开心呀！”“带人哪有什么难？看我的！”

明明替员工擦屁股擦得一肚子火，还是得一肩扛起责任，自欺欺人地说出“好！我知道了！”“我明白，我会处理的！”之类的违心之论。有时**为了激励士气低迷的员工，甚至不得不把自己好不容易拿到的项目双手奉上……**

诸如此类的状况实在太多了，一直硬撑下去的结果当然就是身心俱疲；更惨的是，或许某天你会突然因过劳而病倒，把身体健康也赔了进去，那可就得不偿失了。

## 有效率的人早就下班了

我认识某位“球员兼教练”的小主管，他曾遇到过下列状况：

他任职于某家大公司，每天忙得要死，但他实在很好奇，为何隔壁那位带领庞大团队的 × × 经理，可以怡然自得在各个部门或客户公司串门子、到处玩乐？更不可思议的是，该工作团队的业绩好得吓人，年年勇夺公司之冠。

“有这么好的业绩，这位经理一定非常认真吧？”这位小主管抱持这种想法四处打听，得到的回答却是：“× × 经理从来不加班。”“下午五点后或是周末，× × 经理不是去参加聚会，就是组团去运动，快活得很！”

听到这里，我的小主管朋友就崩溃了。“怎么会这样？我天天加班，甚至连周末也在工作，但业绩却始终不尽如人意。而 × × 经理每天准时下班，底下的团队业绩竟然这么出色？莫非他的成员个个能力过人？真令人羡慕。”

故事说完了，我想请各位一起动动脑，弄清楚这到底是怎么一回事。答案将在下一节公布。

## 2. 努力不懈，变成不敢放手

延续上一节的话题，× × 经理为何能每天准时下班？

我这位小主管朋友其实已经猜对了一半，× × 经理的团队的确非常优秀，而他自己之所以能够准时下班、享受生活，是因为懂得让团队分工合作，自然不必一个人过度努力。

切记：凡事一手包办，并不是领导者该做的事，因为工作不是个人秀，不是光你一个人努力就够了，你得让整个团队动起来。

话又说回来，你是不是**把勤奋认真地超时工作，误认为是“努力”了？**许多只会做事（不会做人）的经理，都认为“我不在，团队和公司就无法运作”。事实上，这是一种过度自我膨胀的价值观。

我把这种现象称为**“不敢放手症候群”**。这类主管不敢把手头上的业务丢给员工，成天抱着工作“努力不懈”。就如前文所述，这种人下意识认为团队少了自己就无法运作，所以每天都加班到很晚，甚至连周末假日都跑来公司。

大家发现了吗？这当中隐藏了一个陷阱。其实很多人是在**借由自己的“努力状态”，来满足“自我重要感”**（认为自己的存在对公司、对生产线而言是无人可以替代的）。

因此，我建议你快点从“滥好人”的“好人”管理，转换成“狡猾”管理。首先，你就要试着戒掉这种过度膨胀的自我重要感。

## 认为“我自己做还比较快”的主管难成大器

当然，身为主管，你绝对有不可或缺的存在价值。但是，你**应该做的工作并不是那些“尚未托付给员工的业务”**。

**凡是员工应该做、会做的业务，你都该尽力交办出去。**身为主管的你要做的是更高阶、更具挑战性及创意的工作。

如果不这么做，你对工作的热忱将会逐年递减。这样公司升你为主管、给你高薪就没有意义了。

说得更直白一点，那些被“现阶段任务”搞得焦头烂额的人，都是因为没有把能交办出去的工作交给员工去做；唯有着手进行更高一层业务（例如管理团队的进度、安排下个月的行程）的人，才有机会被公司赋予更高阶职位。

换言之，你应该要满足的自我重要感，并非来自“如果我不努力，整个团队、公司就无法运作”的心态，而是要追求“我得试着接下一两个水平更高、规模更大的业务，这样，这个团队、这个事业、这家公司才会更好”。

这就是好人主管和好主管在心智和高度上的差别。

因此，努力“让自己不努力”非常重要。一旦你内心有了“真是的，这些笨蛋员工在搞什么？我来好了！”“这个步骤这样做比较快！”的想法，就要强忍下去、绝不轻易插手，换句话说，有时你必须**刻意放过自我表现的机会，让底下的人自己去摸索**。

关于如何努力“让自己不努力”，我会在之后的章节说明，希望大家可以从实际案例中学习。

## 3. 负责决策管理，还是擦屁股？

每个人的时间都是有限的，我们每天都在接受“分配时间能力”的考验。

我开设的公司，为各家企业提供经营上的建议，除了要给老板、高管各种意见之外，还要协助经营团队组织高层阵容、招聘外部人才、培育内部人才、提拔新人等。

客户经常问我：“主管的工作是什么？”我通常会列举以下三方面作为回答：

- 决定员工的方向和目标。
- 资源统筹及分配。
- 贯彻执行的动机和进度管理。

上述三点才是老板和高管该做的工作。尽管本书的意旨，是要让大家从“好人”管理转换成“狡猾”管理，但仍然不能脱离这三件事的范畴。

公司把团队托付给你，目标究竟是什么？你一定要明确提出短、中、长期的努力方针及具体方向，并使之成为团队所有成员的共识。

然后，再根据这个方针、方向分配成员的工作，并**视情况修正、更换成员**。最后，你得针对如何达成目标提出具体做法，并贯彻动机、加强执行力度、管理进度，与所有成员分享成果。

## 以大局为重，你必须要点小手段

**设计整体流程时，最重要的是思考“该采取何种合理的机智手段，好让流程更顺利”。**不论你是企业、组织中的最高负责者也好，“球员兼教练”的主管也罢，身为领导者，企业托付给你的任务永远都是“制订可通过团队达成目标、获得利益的做法”，这是你的最终目标。你必须以此为起点，**放胆分配、组合团队成员的工作或职务**。

另外，由于你是团队负责人，必须以大局为重，为了自己（或全体）的现在和未来，你一定要懂得运用“狡猾”的管理策略，而非只做些吃力不讨好的工作。

以下是“好人”管理和“狡猾”管理的不同之处：

- **“好人”管理**

主管或领导人成天忙着为员工及周遭的人擦屁股，无法带领团队走向成功；或是只能把眼前的工作做好，无法获得提升自己工作能力或职位的机会。

- **“狡猾”管理**

可通过各种手段，让员工或周遭的人比你更卖力工作。主管或领导者能借着成员动起来，引导整体团队走向成功，并让自己有时间和机会提升工作能力和职位。

在后续的章节中，我会向各位介绍“狡猾”管理的各种实践方法。不过，在这之前，我想先向大家说明**“狡猾”管理背后的原理及原则**。这些理论皆出自我的亲身体验，保证有效且简单明了。

若能掌握这些原理原则，你在实践“狡猾”管理时将更得心应手，还能神奇地驱使员工，去做那些你自己其实根本办不到的事。但如果有读者迫不及待想实际应用这些策略的话，可以跳过第二章，直接阅读第三章也无妨。

# 如何让属下愿意去做那些你自己办不到的事？

CHAPTER

2

CHAPTER

# 2

## 1. 什么样的团队会自己动起来？

在本节开始前，请各位想象以下画面：

你眼前有几位积极、热络地交换意见的团队成员，他们两眼闪闪发光，愉快地针对不同项目准备会议资料、讨论吸引顾客的攻略。

其中一位成员问你："主管，这个案子你怎么看？"

就在你看到资料的瞬间，和这个案子有关的过去经验、成功体验、客户的要求等，全都涌入了脑海。稍加整理之后，你开口建议："我觉得不错，可以用A方法进行。因为……"

这位讨教的成员听了马上表示："没错，

确实是这样，我们马上就照着你的方法进行。”

其他成员看到你们的对话之后，都对你流露出信赖的眼神。

之后，团队成员除了在办公室的各个地方积极交换意见，还继续热络地通过电话等工具联络客户。

尽管你什么指令都没下，但这些**训练有素的员工，已开始自动自发地进行**每个项目和相关业务的处理。

换句话说，如无必要，为人主管的你根本无须插嘴，甚至不必出面，这是多么幸福的一件事。

这样的工作画面是不是很理想？那么，你目前所在的职场又是什么状况？

## 你如何让他人“自动”？

主管的工作究竟是什么？古今中外对于主管的定义大不相同。最符合我个人想法的定义是：“让他人动起来，完成任务的人。”意即让员工，或是让上头的人、同事、外部人士，甚至是经营团队动起来，并完成企业的活动、实现公司的目标，这就是主管的工作。

这时，“团队”必然会出现。广义而言，“团队”二字并不局限于你管理或负责的组织，所有外部人士参与的项目，甚至和整体事业有关的价值链等，都可囊括其中。（不过，本书提到的团队，皆指由你直接管理或负责的组织。）

总而言之，主管是“让他人动起来，将任务完成的人”。

现任教于哈佛商学院MBA（工商管理硕士）执行力教育课程的埃米·埃德蒙森教授（Amy C. Edmondson），曾写过一本管理名著《团队编组：组织如何在知识经济中学习、创新和竞争》（*Teaming: How Organizations Learn, Innovate, and Compete in the Knowledge Economy*）。原文书名中的“Teaming”，是为了诠释“合作执行”的状态而创造的新名词，意指团队成员彼此互相联络、编组、分工的过程或步骤。

现将艾德蒙森教授在书中提及的各项要点简单整理如下：

- 大前提：有关事业活动的信息，都要向团队成员公开，和团队成员一起共有。不论是何人、何时，只要上网就可以确认相关信息，意即实施开卷管理（Open-book Management）。
- 最重要的是，主管必须乐在工作，对团队成员而言，这是一种模范。
- 必须和全体成员共有目的和目标。团队有共同的目的和目标，才能激发工作的热情，并创造共同的愿景。
- 团队的定位要明确，各个成员所扮演的角色、任务要具体明了。
- 团队必须是一个可以让成员放心的地方。也就是说，确保每一位成员都可在安心的状态下工作（没有失业风险，或至少要降低失业风险。每一位成员都能认同自己是这个大家庭的一分子）。

- 鼓励众人挑战程序及制度。打造勇于行动的机制和气氛，让团队变成一个**勇于尝试、不怕失败的地方**，创造“屡败屡战、成功在即”的风气。
- 常办讨论会，把成功的经验、学到的法则化为可传授的知识，酝酿互相由衷鼓励的企业文化。
- 打造出一个**“不学习、不采取行动者会靠边站”**的环境。

如果这样的团队能够成形，组织或企业一定可以如虎添翼。当然，要创造一个能满足以上所有条件的团队并不容易，但只要稍加改变一下过去的观点或行动，或是稍微放下肩膀上的重担，改变管理策略，你就有可能打造出一支坚强的工作团队。

## 2. 先搞清楚，员工重人情还是求表现

掌握**员工为何种人格类型**是不可或缺的重要管理原则。

如果用心理学来分析人物类型，那么数量从四种、六种、九种到数十种都有，甚至可以细分成数百种，最终大家一定会眼花缭乱，即使想记也记不起来。

不过，请放心，你只需要掌握以下两种类型，就完全没问题了，因为这对所有的管理状况几乎都适用。

这两种类型就是“人际导向型”和“任务导向型”。

**人际导向型的人，以人际关系作为选择和采取行动的依据。他们会舍弃指示的内容，而以“这件事为谁而做”为优先。**这种类型

的人非常重视信赖关系，害怕招惹他人厌恶，因此，他们的工作方式常因为人情压力的关系而不按常理进行，这在某些人眼里看来非常令人厌烦。一般而言，会被称为“好好先生”或“管家婆”的人，就是这一种类型的人。

而**任务导向型的人，则奉行任务至上，把“完成使命”放在第一位，工作上力求表现，以能顺利把事情办好的方法为优先**。这种类型的人非常重视实力和实际的成绩，最忌讳自己的工作步调被打乱。那些工作效率好或被视为“孤狼”的人，大多是这种类型的人。

问题来了，为人主管的你，是哪一种类型的人？你的员工又是哪一种类型的人？

## 对于重人情的员工你得多问，对于求表现的员工你要放手

人际导向型的人的工作方式是，习惯听从委任者提出具体指示。如果你的员工是这种类型的人，他会非常渴望主管的领导。你得从一开始就详细说明“我希望你如何进行这项工作”，说得极端一点，就是通过发布一个个口令、一个个动作地指导对方，让他完全照你设计的流程行动。

相对于人际导向型的人，**任务导向型的员工不喜欢被过度干涉**。当他们初步了解相关项目及目标指示后，就不希望上头过问太多。如果你的员工是这种类型的人，身为主管的你就不需要提出过多的指令，否则他们反而会心生反感，甚至疏远你。有个小秘诀，碰到这种类型的员工，你只要说一句“这件事就交给你办了”即可。

## 图表 2-1 人际导向型和任务导向型的差异

**人际导向型** | **重视人际关系，会依据彼此的亲疏远近采取行动。**

- 重视人际关系，他越信赖你，就越愿意替你卖命
- 害怕被讨厌
- 希望对方下指示，清楚告诉自己该用什么方式进行

**任务导向型** | **奉行任务至上主义，以能顺利把事情办好的方法为优先。**

- 重视工作实力和实际成绩
- 力求表现，总是想拿出最好的一面
- 不希望别人对自己的工作方式过度干涉

总而言之，主管即使采用同样的方式下达指令或沟通，也往往会因为员工类型的差异而得到截然不同的反应，你必须先有这样的认知。

顺道一提，若用这两种类型来给主管分类，人际导向型的主管，待在制度齐全、气氛和谐的公司会很吃香；反之，若待在突发状况多、不巧又在重整阶段的企业就会比较吃亏。

但是，任务导向型的主管正好相反。碰到必须马上进行危机处理的状况，或是公司正好面临转型期时，这类型的主管会铆起劲来拼命工作，表现特别抢眼。相对而言，这类主管如果待在制度健全、事业已上轨道的公司，就会较为弱势。

想精准管理员工行为，先要搞清楚他们到底重视人际关系，还是重视工作表现。要为管理方向定调、采取行动，或是要确认自己的管理风格时，可先用这两种类型区分，让不同的人在正确的位置上发挥最大的工作效能。

## 3. 说话时贯彻这种态度，员工就会动起来但不乱来

身为主管，每天都会用各种态度和员工对话。你和员工谈话时，是如何聆听、怎么回话的呢？

实际上，主管和员工对话时的态度，大抵不超出下列五种模式的范围：

- 诊断式态度：不断追问“为什么”，要听员工说明事发理由，解释犯错原因，企图从中厘清脉络。

- **评价式态度**：对于员工的发言，总是习惯加入自己认为好或不好的评价，以自身的价值观评断他人。
- **解释式态度**：员工说完之后，主管总要加入自己的解释。例如，“所以这件事应该是A，不是B，我说的才对”。
- **支持式态度**：“是的，我知道”，习惯用这类回答表示自己赞同员工的做法。
- **理解式态度**：让员工感受到你“深有同感”，或“能够理解”他的烦恼及发言。例如，“原来是这么回事。我能够理解你想说什么了”。

## 一味地附和或赞同，小心员工赖着不走

基本上，主管和员工对谈时，**采用“理解式态度”最佳**。

不只在人力管理上，任何关系都一样，多给彼此一点空间（甚至放纵），他会做得更好。一般主管和员工对话时，都会不断反复说：“为什么？”（诊断式态度）“你这样不行！”（评价式态度）“这件事就是这样，没别的可能！”（解释式态度）但是，这些都是下指令的用语，将有碍员工的自我发展或自主性。

那么“是的，我知道”这种支持态度就OK了吗？很抱歉，答案也是否定的。为什么这种态度也不可取？

这种让员工觉得“赞成”的听取方式，虽然马上就能达到支持的效果，但却有副作用——这将会**强化员工对主管的依赖**。表面上，主管好像接受了员工的说法，但是这种态度和前三者一样，嘴

里说“同意”，其实你还是在把自己的意见强塞给员工，要他照你的意思去做。当然，若双方看法一致就没问题，但当彼此的想法有出入时，员工或许就会**把你的不同意，解读成一种背叛**。

因此，你应该优先采用“理解式态度”，让对方感受到你的理解及共鸣。接着，再以不带任何立场的口吻（由衷）表示：“不论我同不同意，对于你的意见和发言，我都理解并尊重。”

如果员工抛出来的问题较为复杂，例如有新创意、寻求对策时，你就混合使用上述五种模式。总而言之，请务必建立系统性（有条理、有脉络，可让人预期）的沟通方式。

## 4. 让员工（觉得）自己做决定，他更有干劲

前文提过，“狡猾”管理可让员工变得自动自发，所根据的原理就是“内在动机理论”（Intrinsic Motivation）。

这是由美国心理学家爱德华·德西（Edward L. Deci）提出的理论，他把透过工作或付出劳动才可获得的动机，称为“内在动机”；而匈牙利裔的心理学家米哈伊·奇克森特米哈伊（Mihaly Csikszentmihalyi），更进一步把这种动机带来的感觉称为“心流体验”（Flow Experience）。

而相对于内在动机的“外在动机”（Extrinsic Motivation），就如同俗话说的“胡萝卜加大棒”，是一种来自外部的动机，例如，金钱、赏罚等。

根据德西的内在动机理论，**人在感受到“自己有才能”和“自**

**己做决定”时，才会积极采取行动**。感受到这两种因素之后，人就会因为希望自己更有才能、追求自我决定的感觉而更显干劲。简单来说，在内在动机的驱使下，人们以自由意志完成任务时的表现，会比来自物质奖励的驱动更好。

另外，根据奇克森特米哈伊的理论，“心流体验”是指“个体因感受不到恐吓和威胁，才能自由投入、达成个人目标的状态”。简单来说，当个体处于心流体验状态时，会深深地被眼前的工作吸引。这时他不但会心情愉快，还会觉得上班的时间过得非常快。

因此，**与其用金钱诱惑，不如让员工在完全没有心理负担的状态下投入工作**，这样他们将更能创造出令人眼睛一亮的业绩。

## 工作环境令人不满意，但工作本身给我成就感

相似的理论还有“激励保健理论”（Motivator-Hygiene Theory，又称保健二因理论、双因素理论）。这是由美国的行为科学家弗雷德里克·赫茨伯格（Frederick Herzberg），和美国匹兹堡心理学研究所（Psychological Service of Pittsburgh）的多位研究员共同提出的理论。

赫茨伯格及该研究所的同仁，以问卷方式访问了当地11个机构约200名工程师、会计师和经理级的工作者。问卷上只有两个问题："工作上什么事情会让你觉得不愉快？”“什么事情会让你觉得很满足？”研究发现，**不愉快的因素多和工作环境有关，令人满意的因素则大多来自工作本身**。

换句话说，人对工作感到不满意时，会把关注点放在“工作环境”；人对工作觉得满意时，则会把关注点放在“工作本身”。赫茨伯格将前者称为“保健因素”（环境因素），将后者称为“激励因素”（意愿、热情因素）。只要改善保健因素（提升工作环境质量）就能消除不满，但唯有给予正向的激励（肯定其工作表现），人才会觉得自己做的事情有意义。

现将保健因素及激励因素整理如图表2-2所示。

图表 2-2 **保健因素及激励因素**

**保健因素**

- 政策及管理措施
- 主管的监督方式
- 工作条件
  (包括业务量分配、上下班时间是否正常等)
- 人际关系是否良好
- 金钱、身份、安全是否受到保障

**激励因素**

- 工作有明确目标
- 表现获得肯定
- 能做有挑战性的工作
- 上头赋予的责任加重
- 可以自我提升和成长

## 兴奋感容易流逝，你得持续提高刺激

我过去服务的瑞可利人力资源集团（Recruit Holdings，为全日本五大人力资源公司之一）认为，能持续获得更有挑战性的任务，就是工作带来的最大报酬。因此，该公司便打造了“工作能力好的人，可以获得重要职务和项目”的环境和机制，让各方高手为了追求进步而不断自我突破，这就是活用内在动机理论，使员工及公司都能获利的最佳实例。

总而言之，想透过“狡猾”的管理策略让员工自动自发，就得灵活运用内在动机理论，借此激励员工永远不忘追逐有意义的工作、目标和梦想。

要注意的是，**人们对于刺激的敏锐度，会随着时间的流逝而渐趋无感**。最初只要有一两个刺激就会觉得很强烈，但慢慢习惯之后，如果没有一二十个以上的刺激，他就毫无感觉。

把这种刺激发挥到极致的就是《勇者斗恶龙》(*Dragon Quest*)、《最终幻想》(*Final Fantasy*)等角色扮演游戏(Role-playing game)。在初阶关卡里遇到的怪物，也许只有一至三个生命值（Hit-point或Health Points，HP），随着游戏进展到后段，怪物的生命值会渐渐进化为数十、数百，甚至数千以上。换言之，若不能让玩家享受更大的刺激，他们就会因为得不到满足而渐感无聊。

过了一关之后，便在下一关提高难度，这就是游戏公司设计游戏关卡的逻辑。同理可证，想打造一支拥有心流体验的工作团队，除了提供充满兴奋感、有意义的职场环境，还必须设立一个“永远无法达成的终极目标”，持续刺激员工士气，这样一来他们在工作上将会更加卖力。

## 5. 把工作步骤可视化，让员工有样学样

每家公司都希望组织能有活力，成员自动自发，整个企业积极正面、不断进步，但偏偏团队里常有些“不会做事、无法提升业绩的人”扯后腿。

**业绩不好的人，通常自我监测的能力也不好。**这种人最不擅长掌握或更新状况，对于外在环境的变化毫无自觉，这时你必须使出一些杀手锏。

那些工作能力好的员工，会自己设计流程、提出假设、反复进行验证。过程中遇到难题，他们会自己调查、搜集资料，并找主管商量或提出问题。而**不会做事的人，则有一个共同特征：他们找主管商量或提出问题的频率，比工作能力好的人少很多，甚至趋近于零。**

但是，为了那些症状尚浅，还有得救的人，你必须建立以下三种管理机制——可视化（Visualization）、记录（Recording）和流程管理（Process Approach），让他们有样学样、彻底杜绝低级错误。

### 让员工自我评量，他才知道自己斤两

现在，多家企业都引进了关键绩效指标（Key Performance Indicator，KPI），借助各种客观、可量化处理的目标达标率来评价

员工，并将KPI的结果列入绩效考核和薪资核定的标准（各位的公司应该也不例外）。上述三种管理机制就属于KPI的范畴，我希望大家先确认以下三个问题：

- 整体业务的流程及数值是否可视化？
- 团队成员是否能亲自记录自己的KPI？
- 身为主管的你，在最终结果出现之前，是否已经先一步检视业务流程并提出建言？

上述三个问题可被整理成以下要点：

- 你是否可从团队的立场或观点看清整体业务？（可视化）
- 团队中的每个成员是否可靠一己之力，在工作流程中扮演好自己的角色？（记录）
- 身为主管的你，是否懂得利用杠杆原理借力使力？（流程管理）

如果这三点都齐备了，推展业务时就能稳扎稳打，而不会发生令人措手不及的意外状况，甚至还可更进一步督促团队成员不畏失败、勇于挑战新事物。如此一来，你就可以顺利打造一支“在前进的同时不断革新”的团队。

现将本章的内容归纳于图表2-3。至此，管理的准备工作都已完成了。从第三章开始，我将列举各种在职场上实际会碰到的状况，让各位看看实际的操作方法。

图表 2-3 **管理的原理和原则**

| 先掌握员工的类型（本书只介绍两类） |
| --- |
| 人际导向型、任务导向型 |

| 沟通时采用理解的态度 |
| --- |
| 让员工感受到你“深有同感”，或“能够理解”他的烦恼及发言 |

| 打造可让员工自动自发的工作环境及心理状态 |
| --- |
| 内在动机理论、心流体验 |

| 把工作步骤可视化，让员工有样学样 |
| --- |
| 建立三种管理机制：视觉化、记录、流程管理 |

# 让属下动起来，主管得“狡猾”

CHAPTER

3

CHAPTER

# 3

## 1. 不要反复示范，请多用引导式的提问

从本章开始，本书将说明如何在职场情境明智地运用管理策略。请各位先回想一下，你是否经常遇到下列状况？

主管：“上次讨论的提案，你准备好了吗？拜托快点完成。”

员工：“是，不好意思，我知道了，我会做的。”

然而，几天之后，该交的数据还是没做出来。

主管：“对了，那件事情怎么样了？”

员工：“对不起，我马上就去做。”

主管：“咦？我前几天不是仔细教过你了吗？为什么还拖拖拉拉的？再不快点，客户要投诉了。”

接着，又过了几天。

主管：“喂，上回跟你说的那件事办妥了吗？”
员工：“啊，对不起，我现在就去做。”
主管：“……你到现在都还没开工吗？”

如果团队里有**不会做事或动作慢吞吞的人**，很多好人主管都会从头到尾仔细指导。但不管再怎么费尽心思，遇上打定主意要破罐破摔的“阿斗型”员工（指“扶不起的阿斗”），你还是拿他没辙，这时该怎么办？

“别再给我拖拖拉拉了！都跟你说过几遍了？你到底是哪里听不懂？我两个星期前不就要你赶快做了吗？”你心里一定曾有这种呐喊吧？

尽管近乎抓狂（事实上，在此阶段有人或许忍不住就爆粗口了），但大部分主管还是会耐着性子说：“是吗？真拿你没办法！不过，现在开始还来得及。我再示范一次给你看……”于是，你只好再次从头教起，并嘱咐员工依样画葫芦。

如果你想从好人主管变身好主管，请从现在开始停止这种没有效率的指导，让员工学着自己面对。

## ◁ 主管“父母心”泛滥，员工可能会讨厌你

当你一再苦口婆心地说明时，员工的心理会有以下两种模式：

1. **觉得有压力而退缩**：虽然有心把事情做好，却觉得动弹不得，陷入被束缚的状态。
2. **排斥且不屑**：对于“上头叫我去做”这件事十分排斥，讨厌被人命令。

最糟的状况是，不论主管怎么殷切说明，底下的人心里认定“主管那种做法根本是错的”，并对主管的说明相当不屑。

为人主管都有一颗“父母心”，希望员工能不断进步。所以你总是刻意细细指导、叮咛他快点整理资料，甚至直接协助推动业务。但是这么做，反而会害得你成为员工的“眼中钉”，认为你觉得他没能力而讨厌你。

主管或许会不解：“怎么回事？我明明这么照顾你，你竟然恩将仇报？”总之，这种**过度关切的做法，对双方都没有好处**。

## ◁ 你越希望他照办，越得让他自己说出来

那么，到底该怎么做才对？

关键在于：不要多做说明，一开始就用提问的方式。只要适时

提出问题，就能引导员工自己动起来。

这中间的诀窍为：主管必须提出“能让员工主动去做”的问题，并设法引导，使他开始思考（见图表3-1）。

换句话说，你不必直接说出“你必须在某月某日之前完成”，而是透过问题，让他自己思考并说出答案。例如：

“要把这个提案完成，你认为该怎么做比较好？”

“要让这件事情成功，你认为得先做到什么？”

并让员工回答：

“关于这个案子，我认为这样做会比较好。”

“这个月中就要接受订货了，所以某月某日必须先出价……好的，这个星期内我会交出提案报告。”

用提问代替指导，可让员工自己思考，并说出积极可行的行动计划。

没有人喜欢被强迫、命令。因此，主管**越是希望员工这么做，你就越得让他自己说出来**，而这一切都得从正确提问开始。

## 接着问他“最后期限”是什么时候

接着，我希望大家留意“最后期限”是什么时候。

图表 3-1 **与其反复说明，不如提问引导**

**用提问回答问题，让员工自己发现不足之处**

工作上常陷入胶着的人，一般来说能力较低。当然，其中也有很多人不擅长管理时间。身为主管，你一定要特别针对“最后期限”进行提问。

如果你问：“你这个案子要做到何时？”员工回答“明天”或“这个星期内提案”的话，你就说：“那就试试看吧！”然后把事情交给员工。因为**这个最后期限是员工自己决定的，所以员工至少会有心遵守**。

如果员工的回答不切实际（例如拖到下个月才能完成），你心里一定会认为：“不对啊，这样根本来不及吧！”从而想大声纠正他。但这时一定要沉住气，继续问：“这样会不会有点来不及？你觉得呢？”或“这个时间不会有问题吗？”也就是说，**你得用提问来回答对方**。只要提出能让员工自己思考的问题，他就会有所警觉，进而自行调整做法。

员工：“说的也是，对方下个星期就接受订货了，我现在这个进度好像会有点赶。”

你（继续提问）：“不过，提案之后还得等对方批准，我们才能动作，这样下星期来得及吗？”

员工：“您说的没错，我明白了。我会在这个星期三就提案。”

只要这样一问一答，就算不擅长安排进度的员工，也会发现“填写进度表时，要把所有的可能一并考虑进去”，进而靠自己的力量决定最后期限。

总而言之，你只要妥善提问，就能**让员工自己思考后，决定工作日程和最后期限**，主管只需安排时间检查就可以了。不过，最好不要选在截止日当天才检查，有的员工还是有可能因为拖延而没赶上最后期限的。为了避免不必要的风险，主管最好尽可能提前确认进度。

想让员工自己动起来，与其详细说明、拼命说服，不如引导式提问。如此一来，员工就会在截止日期之前，用自己的步调完成任务，并厘清不足之处。更棒的是，由于这一切都是员工自己意识到的，所以你不需费力硬塞，他们便能自行吸收。

这么做的最大好处，就是主管可以省下“说明或说服的时间”，把这些空档挪去做更高阶的工作。

☆好主管的管理策略要点

省下指导的时间，善用引导式提问，让员工自己动起来。

## 2. 交办任务，必须看菜吃饭，量体裁衣

机智的主管都是交办高手，他们会视员工的类型使用不同的表达方式，讲得夸张一点，就是“诱导”的手段非常高明。

在第二章里，我已针对“人际导向型”和“任务导向型”这两种类型详细说明。同样的道理，每个人的性格都不同，相同的一句话，有人听了有反应，有人听了则毫无感觉。

例如，主管简单的一句“加油”，有的员工听了会觉得勇气百倍，有的员工则认为是压力。我想应该有不少人认为，主管对任何员工都该一视同仁，使用同样的表达方式才公平。但事实上，即使表达方法相同，对方解读的方式也有千百种。

除了人际导向型和任务导向型之外，在本节里，我要继续介绍掌握员工类型的方法，以及适用于各种类型的表达方式。身为主管，我希望大家先观察以下这几点：

- 员工如何看待周遭人的眼光?
- 员工怎么回顾过去的经历?
- 员工对于未来有何想象?
- 员工是否对于自身能力过度自信?
- 员工是否过度坚持自己的主张?
- 员工面对状况时，是比较理性还是比较情绪化?

上述几个问题，可用“情绪智商”（Emotional Quotient，简称EQ）理论底下的“职场情绪能力二十四要素”（见图表3-2）加以量化。以下我简单从中挑选几个说明。

## （1）社会自我

社会自我（Social Self）高的人，很在乎周遭的人如何看待自己。所以可用“你这种做法（或行为），可以获得顾客的高评价”

来激励他。

反之，社会自我低的人，就算你告诉他“那个人是这么看待你的”，他也无动于衷。就某种层面来说，这种人唯我独尊、做事果决，但由于不在乎他人的目光，难免会流于轻率或鲁莽。

## （2）抑郁性

抑郁性高的人，由于抑制忧郁的能力较高，因此不容易受过去牵绊，这是好的一面，但这也表示他们不容易从过去学习。这种人通常绷着一张“扑克脸”（Poker-face，面无表情），尽管有点不知该如何和他相处，但碰到这类员工，一定要常常提醒“××时候千万不能做出××”，以防他鲁莽行事。

反之，抑郁性低的人则常被过去牵制，老是愁眉不展、放不下心。只要一提到过去如何，他就会惴惴不安（失败的阴影挥之不去），所以绝对不要让这种人回顾从前的经历。

## （3）特质焦虑

特质焦虑[1]低的人总认为“船到桥头自然直”，所以即使前途茫茫，也会表现出一副万事都好的模样。

反之，**特质焦虑高的人**，一旦看不见未来就会开始担心。碰到这种员工，**除了要把未来的计划完整地摊在他面前**之外，还要有

1　特质焦虑（Trait Anxiety）为心理学的专有名词，属于一种长期性的不舒适情绪，已成为个人的心理倾向或人格特质之一，而非全然受到情境因素影响的焦虑。

技巧地引导他，让他相信“只要照着计划走，所有的事情都会很顺利”。

由此看来，如果你的员工是属于特质焦虑高的人，基本上你只要一直激励他就可以了。即使未详细说明具体步骤，只要你肯定地说出一句：“我相信你，去试试看吧！”他也会跑得像飞一样快。唯一的风险是，这种人大多较为粗心，为了不让他冒冒失失地误踩地雷，**你最好预先替他确认好所有可能发生的状况**。

一般来说，创业型的经营者，大多特质焦虑较高。不过，一旦公司有这种魅力十足的老板，底下的人大多是乖乖听命行事的类型，特质焦虑较低。

因此，当经营者动不动就改变方案，老爱碎碎念，或指令总是下得不清不楚时，公司就危险了。因为员工会因为不知道自己今后该怎么办而陷入集体恐慌。因此，高层领导一定要提出明确可执行的经营方针。

## （4）自我效能

自我效能是指创造魄力、勇气的能力。自我效能高的人很有自信，认为没有任何事情难得了他；反之，自我效能低的人除了没自信之外，还非常消极。

因此，对自我效能低的人说“加油”“不要紧”非常危险。因为这种人本身缺乏自信，说这种话只会给他没必要的压力，害他裹足不前。

碰到这种低自我效能的员工，最好的方法就是**提示具体的工作程序**，并告诉他：“你只要这么做，事情就可以顺利进行。”或是一步步地悉心指导、小心布局，让他自以为是在照着自己的方法做（但一切都还是在你的掌握中），因而累积更多信心。

## （5）自主独立性

第二章提到的“任务导向型”的人，自主独立性大多较高。

高自主独立的人最讨厌老板絮絮叨叨。因此，若你底下有这种员工，可以采用**全盘委任管理**的策略，简单说一句“我相信你，全交给你了”即可。但**碰到这种员工，主管一定得比他聪明**，如果你提出的意见不够高明，反而会遭到轻视；或者你随口一句“做得不错”也可能让他产生各种联想（“这项目我根本做得普普通通，到底不错在哪儿？没来由的乱夸奖，是在讽刺我吧？”），一定要格外小心。

幸运的是，这种人的工作态度十分可靠，因此你无须凡事叮咛，安心“放牛吃草”就好。另外，这种人也非常在意自己的执行能力是否获得肯定，所以一定要适时夸一句：“工作进行得很顺利，真有你的！”但务必等真的做出成果再来夸赞，否则只会造成前述的那种反效果。

## （6）情绪受影响程度

顾名思义，这是指员工是否容易受他人情绪的影响。

一般来说，大多数的经营者不太容易受他人情绪左右，但也有主管较易对他人产生同情心。

例如，有的主管若是看到员工因为工作失败而哭泣，自己也会跟着落泪；看到有人生气，自己心里也会七上八下，开始动摇。换言之，这种人大多很容易对他人产生同情心。

但不容易受他人情绪影响的人，若是看到他人哭泣，联想到的则是："怎么回事？他为什么在哭？我该怎么帮助他？"换言之，这类型的人大多会**先客观判断状况，而不是跟着对方的情绪走**。

然而，**想透过情绪来激励容易受他人影响者，其实有点危险**。尽管这种人很容易被情绪牵着走，会主动在团队里呐喊“加油加油”，带动整体士气，但**光是情绪高昂，有时并无助于做出成果**。

另外，因任务失败、客人投诉而使工作压力变大时，这种人的脑筋通常会一片空白，所以一定要适时给予协助，让他们冷静下来。要注意的是，**和这种人沟通时，不要感情用事，少用情绪字眼**，把焦点放在工作流程及状态上。

类似“到底是怎么回事？客人大发雷霆了！”“真是糟糕！你一定要想出个办法来！”等会让对方情绪有波动的负面发言，都要暂时搁在一旁，改为："我们先想个改善策略吧！""把你手边的资料重新整理一次，先确认好优先级。"这些才是上策。

反之，如果状况是好的，这种人就会干劲十足。趁着他情绪高昂时，你马上补一句："太棒了！我们再接再厉！"效果通常都会很不错。

## 图表 3-2 职场情绪能力二十四要素

| | 情绪能力 | 要素 | 说明 |
|---|---|---|---|
| 心理上的信息 | 认识自我的能力 | 个人的自我意识 | 知道自己的情绪，企图了解自己是什么样的人 |
| | | 社会自我 | 想知道自己在周遭人的眼里是什么样的人 |
| | | 抑郁性 | 精神上容易失落，对过去和现在的自己抱持悲观、否定的想法 |
| | | 特质焦虑 | 对于现在和将来的事，常感到不安和担心 |
| | 和压力共存的能力 | 自我控制 | 会视自己的情绪调整行为 |
| | | 处理压力 | 充分了解自己缺乏信心、容易不安等负面情绪，而且懂得如何调整 |
| | | 精神安定性 | 指一个人身心动摇的程度——是冷静沉着，还是情绪起伏大 |
| | 创造气魄和勇气的能力 | 自我效能 | 对于自身知识及能力的自信程度、对事物的肯定程度 |
| | | 成就动机 | 对事物有干劲、肯努力、有毅力 |
| | | 元气充实 | 精力充沛，活力旺盛 |
| | | 乐观 | 懂得切割负面的想法 |
| 人际关系上的信息 | 表现自我的能力 | 情绪表达能力 | 会在对方面前真实表达自己的喜怒哀乐 |
| | | 非语言技巧 | 除了语言之外，会透过动作、表情、视线等表达自己的心情 |

（续表）

| | 情绪能力 | 要素 | 说　明 |
|---|---|---|---|
| 人际关系上的信息 | 自主独立的能力 | 自主独立性 | 不依赖别人、主动努力做事 |
| | | 柔软度 | 思维宽广、身段柔软有弹性、有包容力 |
| | | 有信心、有主见 | 会坦率地把自己的意见、判断、权利告诉对方 |
| | 人际关系的能力 | 解决人际问题的能力 | 会积极解决人际关系上的各种麻烦和纷争 |
| | | 人际关系 | 重视和周遭人的沟通和交流 |
| 判断状况上的信息 | 包容能力 | 心胸宽大 | 向对方敞开心扉的程度，以及让别人对自己敞开心扉的程度 |
| | | 情绪感受力 | 会敏锐察觉对方的心情，并进一步理解 |
| | | 监视状况 | 客观地观察并判断当下状况，并以此作为下一步的线索 |
| | 共鸣能力 | 感情有温度、表现温馨 | 视此要素为人际关系的基本功，待人接物都有一颗温暖的心 |
| | | 情绪受影响程度 | 易被周遭的状况影响，一不小心就陷入他人的情绪中 |
| | | 移情式的理解 | 懂得贴近对方的情绪，用同理心聆听、理解对方的情绪 |

资料来源："Emotional Intelligence" in 1990 Dr. Peter Salovey; Yale University, Dr. John D. Mayer, University of New Hampshire。

总之，当他们情绪正面时“狂敲边鼓”，情绪负面时“急踩刹车”即可，各位可以视当下的状况灵活运用。

以上介绍的几种类型都是以EQ为指标，从日常工作中观察员工的行为和反应，就可大致推测他们属于上述哪种类型。找出员工的属性，再因材施教，就是管理的高明做法。此外，对主管而言，了解自己的情绪也非常重要，有机会的话大家不妨也做做EQ的测验。

☆好主管的管理策略要点

观察员工面对事情的反应，将之分类，再依照其类型调整下指令的方式。

## 3. 解说越详细，员工越反弹，你得……

“经理，这件事我不知道该怎么处理，请教教我！”

“经理，关于这次的策划案内容，不知道能不能指点一下？”

有员工碰到困难来请教时，身为主管的你一定很高兴，所以你春风满面地回答：“这个只要这么做就行了。”但其实你说得越详细，员工就越反弹。（因为他可能不希望你替他决定这么多，之后我会解释。）就我来看，这无疑是拿自己的热脸去贴人家的冷屁股。

实际上，应届毕业生、刚进公司没有多久的新人，为了让主管高兴，会像个小婴儿一样依赖着你，什么事都会问，问完之后乖乖照做，非常听话。

但当这些人跻身公司的中坚分子后，别说主动询问，就连主管下的指令，他们也不见得会听，这时该怎么办？

## 不教导的指导，让员工戒掉依赖

在这个情境中，你得让员工戒掉“依赖”的习惯。这种“不教导”的指导，目前也在教育界备受瞩目。这是一种可让员工自行思考的训练，因此，就算主管知道答案，也不能轻易开口。换言之，这是一种“**不下指导棋，让员工学着自己决定要怎么做**”的管理方法，尽管眼睁睁看着员工身陷困境却不帮忙有些冷血，但如果不这么做，他将永远无法成长。

然而，有的员工天生依赖心就重，因此千万不要一开始就打算让员工完全照着你的话去做。搞不好员工早有预谋，认为：“反正主管早就决定好怎么做了，**我只要照办就好**。”（就某个层面而言，**这样的员工非常狡猾**）。

偏偏不少主管为了省事，常会下意识地这样盘算。但这种每次都把一切安排好，仿佛叼着虫子回巢喂食雏鸟的做法，只会让主管完全没有时间提升自己。（别忘了，本书的宗旨是：尽可能让员工自己动起来，凡事交办下去，主管才有时间去做更重要的工作。）

## 简单问一句：“那么，你希望怎么做？”

各位觉得人的一生中，最听谁的话？父母？老师？男（女）朋友？都不是，答案是自己。从自己口中说出来的话，就得负责执行到底。

想让员工戒掉依赖，做法其实很简单，你只需要问他一句：“那么，你希望怎么做？”主管就算知道正确答案也无须主动说明，让员工自行思考、自己想办法。这是因为一般人都很排斥别人替自己决定事情，但自己决定的事却能乖乖遵守。因此，让员工自己决定该怎么做，不但能避免排斥，还有助于他的成长。

有一颗父母心的老板、主管，面对想不出答案、不断撞墙的员工，大多有种不吐不快的冲动。**明知正确做法却要你忍着不说，**的确是一种压力，但我还是那句老话——请努力“让自己不要那么努力”。

你只需要简单问一句：“你希望怎么做？”请各位试试看。

## 让员工写工作清单

另外，运用“工作清单”培育员工，效果也不错。清单的形式不拘，不需要长篇大论，简单以电子邮件的方式呈现即可（例如请员工每天撰写工作日志）。

简单来说，就是**请员工把“希望怎么做”的答案，以文字的方式记录，并以清单呈现**（见图表3-3）。其最大的优点在于白纸黑字，不会口说无凭；其次则为，当你把想法落实于文字，便能让思考固定下来，这就是一种让任务可视化的做法。

很多时候，即使你脑子想着“就这么做吧”，但真正动笔时却

## 图表 3-3 以清单呈现工作计划

【工作计划如下，希望能顺利在本星期内拿下订单。】

- 本周二完成策划书
- 本周四现场展示提案
- 如有不完善的部分，现场聆听建议之后，便立即修改提案书

只要写到这种程度，简单列出几个重点就好了。

什么都写不出来，而书写能让思虑深刻，并借此厘清原先模糊不清的部分。

要注意的是，主管必须告诉员工，尽管你希望他们提供白纸黑字，但一切从简即可，不需要花数小时制作华丽简报，如果员工把工作时间拿去做这些无谓的琐事，反而会降低团队的生产力。

不过，每份工作清单你都得过目，检查之后还要给予回馈。如果员工所提的重点失焦，而你又没能及时发现的话，员工就会以为自己的做法没有问题，而一路错到底，演变成更糟糕的结果。换言之，主管可以不把时间花在检讨员工上，但一定要集中精神做好“确认”的工作。

## 过度关心员工，害你吃力不讨好

实际上，员工需要的并不是能领导团队前进的英雄，也不是亲切温和的上司，而是在平常就能主动观察、仔细审视员工的主管。

也就是说，不要想着控制员工，你该做的是在管理团队时，给予他们适当的角色，指出正确的方向，主管只要做到这些就够了。

如果你长久以来都在扮演好人主管，尽管自认为好事做尽、应该颇受欢迎，遗憾的是，一定有不少员工对你感到不满或失望。

并不是你的“好人主管”的形象不到位，而是过于关心（或说讨好）员工，只会让你忙碌不堪，无法深入了解自己的业务，无从发挥实力。换句话说，真正优秀的主管并不是一味地“扮白脸”，你得够机智才行。

这种吃力不讨好的工作，就做到今天为止。当你学会“狡猾”管理，就能有技巧地把所有工作都交代给员工，让他们自行思考、自己动手做，如此一来，你也能得到解脱。

☆好主管的管理策略要点

反问一句：“那么，你希望怎么做？”并要求员工列出工作清单。

## 4. 与其示范一百次，不如每次都电邮抄送

请想象下列情境：

一位业绩始终没有起色的员工去向客户提案，你身为主管，想让员工体验成功的滋味，因此陪同前往。但进门之前，你一句“我先示范一次，你要看仔细啰！”就把员工搁在一旁，并使出浑身解数说明自家商品。

最后，你顺利拿下了订单，终于让员工的业绩破蛋。

为人主管面对这种状况，一定相当沾沾自喜，觉得自己成功地培育了英才。但这中间有个问题，大多数主管都有这样的毛病。

由于你自认为已让员工看见了完整的工作流程，也让员工体验了成功的滋味，于是你理所当然地认为员工之后就能独当一面了，然而事情并非如此。

## 摆脱不了辅助轮，他永远学不会骑单车

实际上，当你不再陪同拜访，下次他一样办不到。用个生动的比喻来表达就是——当没有了主管这个“辅助轮”，员工就骑不动“工作”这辆自行车。

带新人时，主管的确必须陪着员工一起跑业务。但是，看过形形色色的企业之后，我发现有不少公司，就算新人进公司已经好一段时间，还是和刚来时一样，像个安静的副手，默默陪在主管身边。

因为所有的提案主管都会跟着跑流程，结果主管还是所有的项目、策划的主导者，员工只能在一旁赔笑。长久下来，员工迟迟无法培养实力，而主管则继续累个半死。

实际上，当新人训练期一结束，就得**试着让员工单飞**，就算他完全不行也无所谓，因为**唯有如此，才能清楚知道他会做什么、不会做什么**。员工和主管要互相成长，势必要经历这段“阵痛期”。

## 刻意让员工跌跤、体验失败，他会爬得更快

此外，你得刻意让员工体验失败。人都是这样，唯有经历教训才会明白事情的本质。主管和员工之间常常不了解彼此，因此，许多事情如果只做口头说明，双方的认知往往还是有落差。

与其如此，你不如让员工实际操作、经历失败，再从中掌握工作的关键和重点。不过，这样的尝试不包括会影响企业命脉的重大项目。如果贵公司有一些即便失败也无所谓的小项目，不妨就把心

一横，放手让员工尝试看看。

而且，如果员工失败的话，反而能让他学得经验，到头来还是你赚到。

换句话说，只有让员工大跌一跤，真正遭受失败，才能让他清楚发现“这种做事方法是不行的”。很少人会一次就开窍，但**让他多碰几次钉子**，总有恍然大悟的一天。为此你一定要狠下心，因为**对员工而言，惨痛的失败是极宝贵的经验**。

## 横向切入，让员工看着你的背影成长

如果你细细引导，从头到尾仔细地说明、下指示，那就只会让员工备感压力、觉得排斥。因此，你不必直接下指导棋，设法让员工自己思考才重要。

话是这么说，但总有些状况你还是得亲身示范，这时你就可以采用一个方法。

其重点在于，你无须由上而下（纵向）地说明，改用横向切入即可，简单来说就是“两两并行”，具体做法就是**让员工看看你怎么做**。

例如，把自己和客户往来的电子邮件、项目进行中的书信，都抄送一份给员工。他就会恍然大悟地发现“原来只要这样写，客户就会主动回复”“原来只要这样问，事情就可以有进展”。以“信息共享”的方式，让员工看着主管的背影成长。

这种做法不但不会带给员工压力，他还会主动探索、积极学习。

不过，**碰到毫无反应、根本不知道他心里在想什么的员工，即**

**使你已共享信息，他也不见得会把它当一回事，**更别说主动学习了。你心里最好先有个谱，做最坏打算。面对这种“闷葫芦型”的员工，只要你不抱过多的期待，就可以避免大失所望的局面。

☆好主管的管理策略要点

拆掉辅助轮，故意让员工大跌一跤，体验失败，下次他会做得更好。

## 5. 请他撰写并报告工作进度，你边听边建议

前面提过，我们可以要求员工列出工作清单，将工作进度可视化，本节将介绍进阶版的做法，**把“工作清单”改为“工作报告”，**请员工自己说明目前的工作流程，再由主管给予反馈。

员工：“关于这个项目，我想这样进行。”

主管：“大致上还不错，但如果这么做的话会更好。”

像这样通过和员工之间的讨论，一边设计流程，一边展开工作。或者当工作进展不顺利时，也可以通过这种一来一往的方式，厘清事情的来龙去脉，让员工有机会思考改善的方法。

### 双方共同检讨工作流程，找改善方案

当员工进行工作报告时，主管要一边聆听，一边提出改善建

议。也就是说，你得同时“改善其工作流程”，重复“PDCA循环”，并如实记录。

在此说明何谓“PDCA循环”，这是由四个步骤组成的一套连续管理流程，分别为计划（Plan）、执行（Do）、检查（Check）与处理（Action），由美国质量管理大师爱德华兹·戴明（Edwards Deming）提出。

换句话说，PDCA循环就是一种不断重复计划、执行、检查、处理，持续修正作业流程的做法，把这套思维运用在商业行为上，就能让业务顺利进行。

对主管而言，这种做法可以让员工的行动可视化，并可借由各项记录提升团队成员的学习水平。在工作顺利运作之前，主管和员工都能透过这种做法，一边温故知新，一边工作。

这个方法乍看之下很麻烦，其实主管只需检查关键部分即可，你会发现，越简单的方式越有效。员工在报告的过程中，能逐步完成心目中理想的做事方法；当主管看到其中某位员工的设计特别成功时，也可立即将之分享给其他的员工看，让他们有样学样、持续进步。利用最省事的做法同时教育其员工，正是主管的最高境界。

**★好主管的管理策略要点**

请员工报告工作进度，并透过PDCA循环共同检查流程是否完善。

## 6. 员工犯错，你会怎么“追究”？

你也为了员工一再犯下低级错误而烦恼吗？然而当员工犯了错，来向你汇报时，你还是得耐着性子问话。问话的思考模式有两种：一种是“追究原因型”思考，另一种是“追究目的和结果型”思考。

“追究原因型”思考的人眼中只有原因，不断追问“为什么会这样”“为什么会那样”。严厉的主管或拥有MBA等学位的老板，很多都是这类型的人。

当然，从事如核电厂、医院等具有高度风险的事业或项目，就该秉持着这样的精神，彻底追究原因。但在一般的企业界，**一直针对失败的原因穷追猛打，反而会害得你什么事都做不好。**

“你为什么会发生这种事？”“你为什么会失败？”彻底追究原因唯一的好处，大概就是双方都能发泄情绪。主管可以尽情愤怒，员工也可一吐为快，除此之外，没有任何正面效应，被追究的员工还有可能为此郁郁寡欢。

### 与其究责，不如思考对策

真正能成就大事者，大多采用“追究目的和结果型”思考模式。意即，你得把目光望向未来，询问接下来该怎么做才能改善目前不利的状况。

因此，与其一直追问失败原因，不如好好思考接下来的对策。

我希望为人主管者都能以目的和结果为导向。简单来说，就是不要追究罪过，而要引导员工原原本本地说出发生了什么事；不要让思考陷在过去的泥淖，而是朝完成预定目标前进。

现将“追究目的和结果型”的提问方式列举如下：

- 我们最满意的状况是什么？
- 假设最令人满意的状况是100分，目前我们可得几分？
- 最令人满意的状况和现况有什么不同？
- 我们可以做什么来拉近这个落差？
- 如果要这么做，会碰到什么障碍？
- 如果要改善现况，你应该要做些什么？
- 如果要改善现况，你知道第一步该怎么做吗？

追究为何失败带有消极意味，很容易令人沮丧，但思考如何改善却能让人重新燃起希望。因为这是一种正向、积极的行为。身为主管的人都希望员工跌倒了能再站起来。想将麻烦转换成健康又有生产力的活动，与其把时间耗在追究失败的原因上，不如用来思考最终目标和解决方案。

### ☆好主管的管理策略要点

真正能成就大事者，大多采用“追究目的和结果型”思考模式。

## 7. 让他一刻不得闲，但每天准时下班

有的员工**成天忙些不重要的工作，真正该做的事却毫无进展**。若你的团队中有这样的人该怎么办？

首先，你得提醒这种员工他工作的目的究竟为何。也就是说，下达“别忘了我们的目的是这个”的指令，**再次提醒他工作目的**。

例如，员工原本的任务，是要让公司顺利拿下某商品的标案，但他在制作提案数据的阶段，却把与商品无直接关联的部分做成了华丽的简报，让人看得眼花缭乱。

这时，身为主管的你必须重新检查该简报，并指示他：“等等，你写的这些，对拿下这个项目有帮助吗？”你甚至可以教导员工如何省略不必要的部分，让整体看起来更精练，这也是主管的重要工作之一。

### 每日制订工作进度，全面禁止加班

好主管都懂得让员工将精力聚焦于分内业务，而没有闲工夫搞些无关紧要的琐事。

为此，你得不断把手头上的工作交办给团队成员（但别达到“血汗企业”的程度），让他们必须拿出十二万分的力气来处理这些业务，而当他意识到自己时间不够用时，自然就知道要积极寻找方法，来应付眼前的难题。

然而，尽管你让员工专心处理手头上的任务，但同时也得要

**求他们设定每日进度，并在既定的时间内结束工作**，而非总是做不完、每天都在加班。（各公司可以视自己的状况，全面禁止加班或制订可允许的加班时数。）

尽管“血汗企业”早已不是新闻，各界的批评声浪也不曾减缓，但在各家企业中，多的是“高劳动却低产能”的员工。站在公司的立场，员工若能自我要求、兢兢业业自然最好，偏偏有些人上班时净忙些“非分内该做的工作”（例如聊天、上网“摸鱼”等），讲得极端一点，这些人大多“白天一条虫”，逼近下班时间才终于拿出干劲，并狡猾地以“我工作做不完”为理由要求加班，再借此换取加班费或申请补休。

换句话说，这种员工并非为了创造成果而努力，只是企图以长时间的工作时数换取薪水，比起“血汗企业”，这种**反过来压榨公司**的做法其实更不可取。

为人主管一定要懂得区分，你的员工究竟是真的做不完，还是总拖到最后一刻才开始冲刺。最简单的做法就是“坚持不加班原则”，并要求所有的人准时下班。总而言之，你得重视产能（而非工作时数），并要求员工聚焦在分内该做的业务上，这是“团队运作”的基本认知（将于第四章详述）。

### ☆好主管的管理策略要点

主管得在交办工作之余，切实要求进度管理，不让员工有机会“摸鱼”。

## 8. 放话要辞职？一句慰留都不必

当员工面有难色来找你商量，你要做好心理准备，因为你心里不祥的预感大部分都会命中。这时，主管必须选择：劝慰挽留，还是果决地让他离职？

社会上普遍认为，主管应该尊重个人意志，爽快地准许他离开。但是，如果对于团队而言，这个成员不可或缺，那建议你还是要试着挽留他。只要他的理由不是“父母生了重病，必须有人照顾”，你还是有机会把他留下来。

然而，那些递出辞呈的人，就算被上头劝慰挽留，短期之内还是会故态复萌。总而言之，老爱把辞职挂在嘴上的人，迟早都会离开。因此，当员工表明要辞职时，你必须先有心理准备，因为这已是他向公司告别的前奏了。

尽管如此，主管也得以大局为重。虽然明知他心意已决，但如果评估结论是员工现在辞职会造成业务困扰，再待上一年就有转圜空间的话，**不妨还是口头劝慰挽留一下**：“请你重新考虑一下，公司真的不能没有你。”

我再强调一次，主动提辞职的人，总有一天会离开。虽然有人是因为想要糖吃（例如争取加薪、升迁），故意以辞职要挟；但是离职并不是个容易的决定，一定是因为他在工作上遇到了什么不顺心。与其强留这样的人下来，不如干脆放手让他走，这才是比较务实的做法。

## 为加薪而提离职，双方心里留疙瘩

前面提过，有的人表达辞意的目的，是为了加薪或升迁。尽管主管也有离职的权利，但建议各位最好不要这么做。因为不论是遭到拒绝，还是经过讨价还价，上头答应了你的请求，双方的心里都会留下疙瘩。以中、长期来看，事情朝对你有利的方向发展的几率，可以说是微乎其微。

大家不妨回想一下自己当初进公司的理由，大多是因为觉得可以有所发展，对吧？日子一久，每个人也都恰如其分地完成了分内工作，生活日趋稳定，但企业毕竟是由人所构成的组织，会以各种面貌不断发展。

三年前觉得合适的人，五年后却突然格格不入。如果企业和员工能一起成长，当然皆大欢喜，但是，如果公司发展速度过快，势必就有员工跟不上这样的变化，而渐渐落在后头——这是企业和组织不可违抗的宿命。

## 硬把没能力的人留下，只能是浪费彼此时间

那么，对企业、组织而言，到底什么才是“最好的状态”？我认为，主管必须打造出“没能力的人一旦待不下去，便会自动求去”的氛围。否则硬把没能力的人留下，只能是浪费彼此时间。

请注意，业绩不佳者也是有尊严的，所以最好能让这个人主动以“个人生涯规划有了变动”等理由，自己提出辞呈。然后你就可以面

露遗憾地说：**“人生苦短，你还是尽快去完成自己的目标比较好。”**

对主管而言，团队里最好全是积极努力的人，事实上，**一个团队越强，没有能力者就会越明显**。能力不足的人，得自觉地找个冠冕堂皇的理由递辞呈，毕竟在这么不利的状况下，赶紧换个地方工作才是最好的结果。因此，身为主管的你，必须培养敏锐的观察力，洞察他们离去的真正原因，并给予支持，不多劝慰挽留。

☆好主管的管理策略要点

不要劝慰挽留想辞职的员工，并打造出一个“没能力的人会主动求去”的团队。

## 9. 员工出状况，立刻批评但斥而不怒

身为主管，很多人会对“如何批评员工”感到苦恼。批评的方式更会因状况、TPO［指时间（Time）、地点（Place）、场合（Occasion）］的不同而有所差异；更有些“玻璃心”员工，不管你有没有生气，他都会觉得有压力，可以说非常棘手。

实际上，最简单的做法就是“做错马上批评”，当场就让他有所觉悟，这样他才会深刻记住这次的教训，你的批评才有效果。若是等到之后才说，一来因为你的成见已深，容易模糊焦点，变成对人不对事；二来，批评的效果也会随着事过境迁而大打折扣，无法让员工记取教训。

责骂时要注意两点。首先，**要“个别批评”，绝对不要在众人**

**面前大声喝斥**，双方移动到会议室是不错的做法，因为别人听不到你的批评。其次，要“斥而不怒”。

## 客观陈述事实，提醒他这件事有多严重

主管也是人，难免会有情绪失控的时候。批评时若把焦点放在“生气”，而非“管教”，员工就只会记得自己把主管“惹怒”，而忘了自己到底为什么被批评，更不知道从何反省。

那么，到底该怎么批评呢？**其秘诀在于：客观陈述发生过的事情。**

你得轻描淡写地说明，这件事情已经带给公司或周遭什么不好的影响，或对员工本人造成何种不利的局面。之后，再针对这些事实，询问员工的看法，并要他想想该如何处理。

要注意的是，这时候主管往往希望员工能露出反省的表情，但这不是重点，比起员工是否忏悔，你更该确认他**是否真的了解事情的严重性**。

有时员工虽然低着头，但对整件事情的看法还是有偏差（例如始终不知道自己错在哪里，只觉得遭人连累）。如果他无法厘清真正的问题点，就算口头上说会反省，其实也没什么意义。因此在批评之后，你一定要让他自己说说目前的想法，以确定他是否真的听懂了，并了解自己犯了什么错。

### ☆好主管的管理策略要点

员工犯错时马上批评，但记得个别批评、斥而不怒两个原则，

并要求员工厘清问题出在哪儿，该如何处理。

## 10. 别把努力当筹码，你得做出成果

团队中有动不动就提离职的员工，当然也有自我感觉良好的员工。

“我已经努力过了，这样就行了吧？”当底下的人拿出“努力”二字当挡箭牌时，你一定要让他知道，**公司付他薪水不是因为他努力，而是做出了成果**。换句话说，“认真、努力”只是工作的基本态度，从来就不该是你谈判的筹码。

前文提过，无法适应公司步调的人，如果继续留下来，只会造成团队中其他人的困扰，对当事人而言也是一种不幸，为人主管一定要有这样的认知。

大部分主管都是从基层被提拔上来的，当然知道员工的难处，所以一听到员工说“我已经努力过了”，其应对模式几乎都是：“好吧，那我就再观察他一阵子，或许有一天他真的就做出成果了。”

但是，老是拿“努力”二字当挡箭牌的人，绝不会突然有一天状况就变好，而且绝大多数都会越来越严重。因为这种人的问题出在工作能力不足，就算你再怎么鼓励，甚至制造机会让他表现，他还是做不出成果。

工作能力明明有问题，却让这种人继续留在公司，对双方而言都是在浪费时间。但这个人也许只是找错了舞台，若是早点让他觉悟，或许他还有发光发热的一天。只要你能这么想，这些低产值的员工也就不值得留恋了。

## 把关心用在那些更有产值的员工上

当然，对于这种自我感觉良好的员工，只要心地不是太坏的主管，都会想拉他一把。但是，主管如果回归必须负责考核成绩的立场，就会意识到自己更应该珍惜那些会照着你的期许行动，并做出成果的高产值员工。

执行任何业务都会有高下、优劣之分。团队里如果有业绩低落的人，就有可能拉低整体的成绩，并影响其他表现优异的成员。因此，在处理这类问题时，你的“父母心”还是不能太泛滥，保持一点理性会比较稳妥。

主管可以适时给一些关键信息，例如经常地告诉他：“全世界也不是只有我们这家公司，另外找份更适合你的工作不是很好吗？”上述这段建议完全没有提到裁员、解雇，出发点完全是为了成就他的人生，值得参考。

只要你能让自我感觉良好的员工想开一点，他就不会一直钻牛角尖、走不出死胡同。

### ☆好主管的管理策略要点

积极（但有技巧地）建议工作成效差的员工另觅出路，让团队更有产值。

# 团队成员素质不一，这样领导你才轻松

CHAPTER

4

CHAPTER

# 4

## 1. 示弱：低价值的事，全部外包给员工

主管的工作做不完，有两个原因。

一个原因是，把充当员工的“辅助轮”（见第三章）当作自己的工作。主管当然都希望自己的团队能成功，所以**如果有人表现较弱，做主管的就会想帮一把，这种主管当然就是好人主管**。

另外一个原因是，主管是“球员兼教练”，除了要以球员的立场做好分内工作，还要以球队教练的身份管理团队。在身心都承受高负荷的状况下，工作上当然必须比员工花费更多的时间。

因此，职位越高的人，工作的时间就越长。人们都说日本的过劳问题严重，企业家的劳动时间远比欧美国家还长，但其中有些信息其实有待商榷。

若以整体国民的平均值来说，日本人的劳动时间确实很长，但如果单就“主管”层而言，欧美国家的执行长，几乎365天、每天24小时都在工作。这么长的劳动时间，别说是日本，几乎全世界的管理阶层都比不上。因此，如果真的要跟欧美的高层相比，日本管理者的工作时间根本是“小巫见大巫”。

## 为何欧美国家的主管比较“威风”？

主管有主管的立场，肩负重责大任，为此公司自然得根据主管背负的责任大小，给予相对应的权限和薪水。相对的，在一线工作的员工，只要做好上头指派下来的工作就可以了，只要不是在“血汗企业”工作，当员工的人大多可以准时下班，以上的逻辑大家应该不难理解。

那么，现在主管们的具体工作内容究竟是什么？

例如，美国企业的高阶主管，因为要以经营者的立场，进行艰难的沟通谈判，并思考事业的方向，所以除了在外面的机构学习之外，每天都还得对外执行各种交涉事宜。

除此之外，欧美的企业高阶主管通常会有好几位秘书，所以一般性的业务都可以完全丢给底下的人去做。因为就欧美人士的价值观而言，身为董事长的人，如果光做一般性的业务，或和基层员工做相同的工作是不对的。

这样到底是好还是不好，当然见仁见智。以下简单为各位整理两种企业的差异：

**欧美企业**

- 成为主管（例如升任经理）之后，就转而做质量和层次都较高的工作。
- 逐渐把基层工作交接给员工，让他们能从实际操作中学习、持续成长。
- 基层工作交接完毕之后，就更有时间接触附加价值较高的业务。

**一般企业**

- 主管和员工的业务重叠，因此工作永远做不完。
- 光是处理手头上的业务就筋疲力尽，当然没有余力提升自己。

对主管而言，基层员工从事的业务，就是所谓“低价值的工作”。你是不是也被这些杂事绊住了？从现在起就果断切割，全都外包给员工吧！

## 把业务流程从“垂直整合”改为“分散并列”

工作若是进展不顺，有时瓶颈就出在主管身上。

例如，某些重要的业务当然要盖章才可以过关。但是，有些主管似乎只是为了要耍官威，或突显自己的存在，要求不论大小事都要亲自盖章，这往往是业务流程卡关的关键。若是每个主管都要盖章，那么耗费在程序上的时间绝对会越拖越长。

因此，除了非得主管盖章的文件（例如签署重大合约）之外，其他简单的业务最好都交给员工个人执行即可。也就是说，主管得把原先垂直整合（你自己从头盯到尾）的流程，改为按分散并列的方式进行。

当然，最后的订单、估价单，主管还是要亲自确认。不过，员工呈交的文件，主管是否一定要全都看过？员工要去拜访客户，是否一定要经过主管的许可？仔细分析一下，**许多工作其实不需要经过主管确认**。这类的工作只要掌握进度之后就尽快放手，**不要什么事都往自己身上揽**，让员工积极尝试，只要适时地问一句："进度还正常吗？"工作大多能进展得很顺利。

## 主动示弱，让员工有机会救你

大多数主管都是能解决问题、工作能力强的人。我因为担任人才顾问的关系，曾拜访过无数成功的经营者和领导人。这些人有一个共同点：对于自己的强项，他们会展现出惊人的魄力，并将之运用在工作上；然而对于不足之处，他们**会适时示弱，并让强项和弱点保持绝妙的平衡**。

例如，这些人如果认为自己不擅长管理工作，或觉得执行庞杂的事前准备很棘手，他们便不会虚张声势，而是大方说出："这种事我真的不行。"一边对员工抛出求救的眼神。

竟然能帮上主管的忙？这种时候员工一定高兴死了。

如果你棘手的是核心业务或危机处理，就表示你这个主管当得不称职。然而，如果是你不擅长的杂事，就可以刻意示弱、寻求帮助。这时只要假意地说一句："没有你们我真的不行！"就能大方地把工作委托给员工。

这种"懂得示弱的主管"相当讨喜，会示弱让你更受欢迎。因为对员工而言，**过于完美的主管，会让人心生畏惧**——工作能力越强，员工离你越远；而日常工作中偶尔出现一些小状况的主管，反而会因为表现出人性，而在无形间缩短和员工之间的距离。

☆好主管的管理策略要点

适时把不重要的工作外包给员工，偶尔示弱求助，你会更受欢迎。

## 2."众议独裁"，但功劳要归员工

在本节开始之前，请想象以下状况：

为了讨论这次新商品的宣传活动，全公司主管（包含你在内）聚在一起开会，终于决定了活动的实施方案。

然后，各主管回到自己的部门，传达刚刚会议上的决定。

"向各位宣布，为了让消费者认识这个新商品，公司决定之后将进行这项宣传活动。"你满心雀跃地向底下的人报告这个消息。

但是，员工却有不同的声音："这是你们主管阶层的意见吧？""我们也有自己的业务要忙呀，哪有这种闲工夫？部长，你不会是想把这件事揽在我们部门身上吧？"

总而言之，你的员工大多认为，你应该在会议上用力推掉这次的宣传活动，而不是这么轻易地就把任务接下来，增加大家的工作量。顿时，部门内部开始弥漫起一股不太妙的气氛。

公司常会碰到必须由高层决定的事务，这个时候，高阶主管们聚在一起讨论方针理所当然。但是，有些务实面的状况，熟知一线的人（即基层人员）的智慧反而更能派上用场。

## 让员工当你的"信息外挂装置"，是不是人才一试便知

一般公司面临重大状况时，常见的做法大多是高层先行讨论之后，再交给底下的人执行。

但假设现在公司希望在现有的商品之外，追加新的品种并扩大贩卖，且不额外增加人手，该怎么办？这时你可以这么做：

首先，让一线所有的人知道这个信息："……基于上述理由，我希望能让这个项目成功。"

然后，再听取一线人员的意见。你可以这么问："那么，

我们应该怎么做呢？请大家一起动动脑，有任何想法都欢迎提出来。”

与其要你这个主管独自一人想破头，还不如把拥有许多一线信息的成员一起揽进来，让他们陪着你一起动脑，把员工变成你的“信息外挂装置”。

对主管而言，善于用人是非常重要的；从员工的角度来看，这也是一件可喜的事，因为他们可以共同参与公司的经营。如此一来，你这个当主管的，也可以获得较高的评价。

不过话虽如此，我并不认为所有的员工都会认真帮忙。**团队中有愿意动脑的人，也会有嫌麻烦、懒得多做事，甚至排斥帮忙的人。但只要你一声令下，谁是何种类型的人立即一目了然**，这对主管而言也是很重要的情报。

要决定接班人时尤其明显，央求员工一起帮忙动脑，就等于是拿出过滤器来鉴识优秀人才。对于那些认真思考、积极提供意见的成员，你可以以他们的提案为核心，并将这些表现列入年末考核的评断标准。

## 让员工出意见，主管只归纳整理

身为主管要**虚心地广纳意见，但做决定时必须独自决断**。

**协调是为了让事情照你的方式进行**。如果员工不愿乖乖照办，有能力的主管会再给这个人一次机会，并建议其他主管也运用这次机会，积极聆听员工不同的意见。

但这个员工如果不能把握第二次机会，让自己的不同意见得到认可，就必须尊重主管的决定。若他还是无法接受，主管就该以“不适合当组织中的人”为由，让这个员工离开项目团队——这就是“众议独裁”的真谛。

好主管都是协调高手，尽管让大家充分发言讨论固然重要，但别忘了，最后的决定权还是在你这位主管的手上。不论员工的主意再怎么好，你仍旧得整理、归纳，并做出最后的决定，这个权限绝对不能拱手让人。

另外，讨论之后，我不希望你单纯地以“这是多数人的意见”，就决定采用，你必须从所有的意见中，选出你认为“确实可行”的方案。

## 学着不邀功，把成就归给员工

当你集合员工的智能、做出最后决定之后，必须注意一件事。那就是身为主管的你，绝对不能开口闭口都是“我”。

例如，当多数人的意见和自己的想法相同时，你必须拐个弯，有技巧地说：“大家都认为这个提案不错，我也认同，那就这么决定了。”

相对的，如果你比较中意少数人的意见，为了不显突兀，一定要附上几个冠冕堂皇的理由。你可以这样说：“虽然这是少数人的看法，但是针对开拓新市场这一点，这个提案非常有建设性，对于未来前景很有帮助，所以我们还是采用这个方案吧。”

另外，一定要尊重提出优秀意见的人：“××提出的这个建议，由于……（说明客观理由）的关系，和其他的提案相比更为优秀，所以我们就照他的提议进行吧。”

利用客观理由说服众人很重要，千万不要说：“我原本就看好××，所以他的提议绝对没问题。”

当你建立了能够畅所欲言的会议风气之后，反复几次讨论下来，员工们就会自动自发地畅谈自己的想法。如此一来，便能建立主动提议、提案可获得正面评价的文化，让团队气氛更显积极。

然而，在最初阶段一定要格外用心，好的开始就是成功的一半。只要开始顺利，能让员工自动自发地工作，有效的管理策略就算完成了。

☆好主管的管理策略要点

优秀的主管，要懂得让比自己更优秀的人发挥长才，促进团队进步。

## 3. 亲力亲为？好人主管形同打压下属

大家听过企业大师迈克尔·波特（Michael Eugene Porter）的“竞争优势策略”吗？他自1980至1990年之间，先后出版了在管理学界堪称经典的竞争三部曲：《竞争策略》《竞争优势》《国家竞争优势》。

迈克尔·波特是当今世上竞争策略和竞争力领域公认的第一权威，而这三本著作则是哈佛商学院的必修课，更被众多世界性的经济学术论坛、会议列为正式、重要的讨论议题。

波特的企业经营策略理论，包含以下三个策略：

- 用比其他公司更低的价格生产、贩卖，在市场取得竞争优势的**成本领先策略**（Overall cost Leadership）。
- 让自家公司的产品和其他公司的产品有明显区别，在整体市场取得竞争优势的**差异化策略**（Differentiation Strategy）。
- 借由锁定市场、锁定制品，在市场取得竞争优势的**集中化策略**（Focus Strategy）。

力图转型的主管们，可以从这三个策略学到许多东西。其中最重要的，就是前文提过的“将低价值的工作外包”。首先，把低价值的工作和高附加价值的业务区分开来。身为主管，**你得完全把自己的工作转移至具有“差异化”的业务**，并把其他一般行政业务等属于低价值的业务全都交给员工。

总而言之，你的工作是把整个团队（包含你自己）的资源做最优化的分配。而分配业务的基本原则为，让自己集中精力做较为上层的工作，其他的工作则交给团队成员或外部的人。

## 让擅长该领域的员工主导任务

另外，前一节提过，要把员工当“信息外挂装置”使用。但是，事实上，“妥善运用比自己更优秀的人”也是很重要的。

例如，当你要为某个商品进行宣传活动时，如果A对这项商品的认知比你还强的话，你就无须逞强，大方让A主导。就算该项业务具有高附加价值（较适合主管执行），但如果底下的人比你更擅长此领域的话，就不必客气，好好让他发挥长才。

你所带领的团队，一定要有既定的目标和预算。“球员兼教练”的主管虽然也有自己个人的期望，但既然身为领导人，就要以达成团队的目标为重。因此，如果有优秀的员工更谙此道，你就该大方让出舞台，使团队的整体积分最大化。

波特的竞争优势策略虽然包括了前面提到的三个策略（成本领先、差异化、集中化），但事实上，最后的“集中化策略”没什么意义。因为这三个策略交错使用之下，最后的结果不是成本 × 集中（集中成本领先），就是差异化 × 集中（集中差异化），不用特别去做也能达成。

因此，为人主管的你必须专注于此，将高附加价值的工作，或在自己擅长的领域做出差异化即可。

### ☆好主管的管理策略要点

把低价值的工作交给员工处理，高附加价值的工作留给自己，或视状况托付给团队里最具有竞争优势的人。

## 4. 公司内部的人际问题，必须公开解决

好人主管很容易卷入员工的纠纷中。

这时该怎么办？有的主管会找员工个别问话，但这不是一个好方法，有时甚至是在白费力气。

仔细想想，这其实很容易理解。例如，A和B如果有争执，两人必定互相排斥。因为彼此都认为自己没有错，各有主张，所以A认为“B做了很过分的事”，B并不认为自己有问题，反过来也是一样。

而身为主管的你，又会怎么想？听A抱怨时，你会认为“原来B这么过分”。听B抱怨时，你会认为“原来A这么过分”。

但真相只有一个，个别问话无法让你找出问题所在，因为这些信息都是被扭曲过的，带有主观色彩。换句话说，**个别问话会让人看不清事实**。

就算你的出发点是为了顾及A、B两人的情面，也未必能得到回报。例如，和B个别面谈时，你发觉是B的错而加以开导，这时，如果B不是肯乖乖听话的类型，反而会不甘地认为“主管根本不站在我这边，他就是比较喜欢A”。又例如，就算这时B也承认是自己的错，但因为这是在个别谈话中给的意见，B也可能认为“反正主管永远都站在A那边，他一点都不疼我”。这两种状况对身为主管的人而言，都是在吃力不讨好。

由此看来，个别问话、私下解决的做法，极有可能害主管吃亏。

## 不要个别问话，全员到齐一起说

这时，身为主管的你，让相关人士“面对面把话说清楚”才是上上之策，这么做最有效率，成效也最大。

不要只把员工的抱怨当成发牢骚，而要确认谈话的内容，掌握整件事的来龙去脉，并弄清楚相关的人事时地物。也就是说，你得把所有的人都集合起来，让每个人都能“当着大家的面，把话说清楚”。

以本节开头提到的例子来说，主管必须把A和B同时找来问话。

这么一来，A和B就必须针对事实陈述，不能说谎。或许他们还是会努力为自己争辩，但在对方当场监督的状况下，真相自然就会赤裸裸地呈现。一旦两位当事人可以共同确认事件的真相，事情自然就会比较好谈下去。

然而，全员到齐一起说，难免会擦枪走火。因此，主管这时一定要站在第三者的立场当裁判，提醒大家“不要把情绪带进来，只说事实”，“最重要的是事发经过。只要厘清事情真相，就能解决问题了”，让大家保持冷静。

主管必须有能力掌控各种场面。

## 和工作有关的争执要公开谈，才能不沦为私人恩怨

人类有趋利避害的天性，所以一发生事情就会下意识地搞小团体、选边站。**办公室的人际问题永远都是一笔烂账**，若不好好解

决，将会成为企业前进的障碍。**你得好好发挥管理才能**，不让团队做这种无谓的事情，而是聚焦在工作表现上。

首先，身为团队领导者，一定要主动敞开沟通大门，让员工信服你。

例如，主管总是偷偷摸摸进行一对一的对谈，只会让团队成员产生不信任感，容易落人口实，所以这种做法绝对要不得。换句话说，如果想让团队有个公开、透明的沟通环境，主管得先设法让员工愿意找你谈话。

当然，与人事异动或个人隐私有关的对谈另当别论，但和工作有关的问题，员工与员工之间、部门和部门之间的争执，选择在公开场合（如每周的例会）把话说清楚会比较好，也较不易让人产生误会，或沦为私人恩怨。

最重要的是，你得让全体成员明白，**你的团队里绝对不容许任何扭曲的信息（即谣言）**，如果有人认为**搞小团体**的手段行得通，**这个人就一定要受到惩戒**。这是能凝聚人心、让团队走向胜利的一大关键。

主管经常敞开沟通大门，让与自己行动、工作进展状况有关的信息公开透明，和团队所有成员一同共享，就可以创造一个有向心力的组织。

总而言之，公司内部的人际问题，必须公开解决才不会夜长梦多。明理的企业经营者、通情达理的主管，都是属于这类型的人物。

☆好主管的管理策略要点

避免个别面谈，并且经常敞开沟通大门，凝聚组织的向心力。

## 5. 重用“会做人”，而非“只会做人”的人

我认为，那些“人间力”（指为了在社会存活所必须具备的综合能力）较高的人，都具有“沟通有技巧、做事做得不外行”的特质。

人心常会动摇。早上做的判断，可能到了黄昏就改变了，这是常有的事情。只有极少数人能认定，自己的想法百分之百正确。

所以在种种不确定中，人就会出现这样的想法——既然如此，与其自己判断状况真实与否，不如找一个会说这个是正确的，而又值得相信的人来决定。结果，“人间力”就成了人们决定“跟谁走”时的重要条件。

一般人都认为拥有高度“人间力”的员工比较可靠，社会对于这样的人也都有较高的期待。但我想强调的是，如果这类有“人间力”的人心智不够成熟，同时又缺乏同理心的话，就容易使你的团队出现杂音。因为他们较不愿意听从领导者的指挥，当你要提拔人才时，当心被这种人陷害。

此外，“虽然业绩不佳，却是个好好先生”的员工，虽然具备“人间力”，重用了却会让你很伤脑筋。因此，当你要打造一个实力坚强的团队时，一定要注意成员的本质（个性），如果该成员的人格

有问题，就算他再怎么会做事，也最好不要让他接下太重要的任务。

## 所谓“会做人”，意思是“会使大家一起做事”

事实上，在制定人事制度时，我一定会强调公司给员工的薪资必须分成两个部分：一部分是奖金制，即论业绩计酬（Pay for Performance）；另一部分是职务制，视职位、任务给予报酬。晋级、高升的必要参考要素包括**对企业理念、价值观的共鸣程度，以及对职务的高度和观点的理解程度**。

简单来说，该名员工会不会“做人”非常重要。若一位员工能**以团队成绩为重、积极提升公司整体业绩**，公司自然就该提拔这样的人当主管。

另外，对于能够创造高业绩的人（会做事的人），也可透过每半年或一年一次的成绩考核，把回馈反映在下一期的报酬中。但切记，不要只因为业绩好，就贸然让这个人升官，你得以“会做人”（不是“只会做人”）的人为优先。

从过去日本战国时代的织田信长、丰臣秀吉政权，到后来的德川幕府时代，上述的用人标准更是屡见不鲜。例如，靠作战创造业绩的人就论功行赏（用现代的话来说，就是给予绩效奖金）；至于能否成为领主、藩主或是提高俸禄，还得视这个人的忠诚度，或是否具备能照顾员工、扛起责任等领导人资质而定。总而言之，对于那些会做事的人，可以用发放奖金的方式给予回报，但能否升迁则是另一件事，千万别混为一谈。

☆好主管的管理策略要点

提拔员工时，要以对公司忠诚度高、了解团队方针，且能与其他成员融洽相处者为优先。

## 6. 你可以有个人喜好，但得偏重某些人

当你特别关心或照顾某位员工时，一定会有人在背后说："主管都只照顾 ×× ！都偏重他！"

这该怎么办？为了避免这种麻烦，很多主管都会刻意和团队成员保持距离。但我个人认为这么做没什么意义，既然会被说偏重，那还不如彻底偏重，而且是有意图的偏重。也就是说，你得**不着痕迹地在团队中带风向，让众人自然而然地都照着你的意思去做**。

其秘诀在于：**把偏重的对象扩大到团队里的每一个成员**。但我的意思并不是对全体一视同仁，**你只要偏重那些很努力、想努力的成员就够了**。当然，如果全体成员都是这样，就皆大欢喜了。

不论你是因为讨厌对方而漠不关心，还是因为对方很可爱、是女孩子而特别关照，这些我认为都没问题。另外，那些难沟通、无法有共同价值观、动作鲁钝的成员，我个人觉得就无须偏重了。

### 一视同仁的主管最不得人心

因为每位成员都是独立的个体，所以当他们得到主管的关爱时，自然都会高兴万分。但你对每位成员都一视同仁，反而会让所有人都却步。

当所有的人都不想得到主管的关爱时，你的麻烦就大了。因为从员工的角度来看，他们会认为“主管根本不在乎我们”，自然也不会想来讨你欢心。

为人主管者总认为，有差别待遇是不公平的，但实际上员工的想法正好相反。对于**做出成果、工作努力的人，他们会希望主管大力地偏重**，当你真的这么做，就会促使底下的人**因为也想得到关爱而格外努力**。

不过，希望得到主管重视的员工通常不会只有一个。这时，主管就得刻意举办“宣传活动”。也就是说，你得每周换一个或每天换一个人专注交流，透过循环机制，让所有想被关爱的人都有机会如愿以偿。

例如，今天这个家伙的提案不太顺利，就找时间和他聊一聊；明天则设法腾出时间，和提早达成目标的另一个成员吃午饭等。只要你试着利益均沾，所有的人都会心服口服。但你得留心，循环的周期和交流的时间不要太长，以免失去主管应有的威严，害得底下的人不把你放在眼里。

☆好主管的管理策略要点

大方表现出你对员工的喜好，越一视同仁的主管越不受欢迎。

## 7. 用错一个人，教也没用，还会拖其他人下水

自从2008年美国雷曼兄弟破产之后，日本企业也跟着大幅冻

结人事预算、遇缺不补。而自日本泡沫经济崩溃后（1990年2月之后）的这20多年来，更多公司都是在人力不足的情况下硬撑下来的。

时至今日，人力不足已成为多家企业面临的严重问题。事实上，人力变少之后，团队每一位成员的工作量也会跟着增加。当团队人手不足时，有些成员可能会发出求救："招谁都可以，请公司快点录用几个人吧！"身为主管的你一着急，也跟着拜托人事部："招谁都无妨，只要是能派上用场的人就好。"

但这时请等一下，不要这么急。因为招错人，绝对比人手不足还要累上十倍，千万别这么做。（我的专长是人才顾问，请各位相信我。）

来了一个不会做事的人，只会使得原本手忙脚乱的公司更加鸡犬不宁，连带团队的成员也会一并受折腾。让花钱请来的人把公司搞得一塌糊涂，根本就是本末倒置，就算这个人没有对其他成员做什么过分的事，但光看他比别人悠闲数十倍（给他事做只会搞砸，不如束之高阁），就是花钱找罪受。

任意接收其他部门调过来的人，也会导致同样的结果。所以你一定要搞清楚，这个人是否具备了自家团队需要的素质和工作能力。如果答案为否，即使现在的业务量有点吃紧，不，就算再怎么吃紧，你都不应该录用此人。

## 错了就是错了，再怎么教都救不了

另外，请各位记住一个观念：**错了就是错了，再怎么教都救**

不了。

这是天生资质的问题，倒不是说此人没能力，问题出在“他能给的不是你需要的”，即使教育训练做得再好，这样的落差始终都在。换言之，在不对的人身上进行教育投资，实在没什么意义。

换句话说，“招对人”永远是最重要的第一步，之后好好教育，便能培育出优秀人才，把步骤颠倒过来是行不通的。

因此，平时就要让团队成员明白，随便勉强招个人凑数只能是自找麻烦。

如果公司决定增加人手，你得设法**让所有团队成员一起参与招人活动**；如果公司决定从内部提拔，大多数人都会认为此人是“国王的人马”。这时主管就要设法消除这样的歧见，例如说明从外头招人有多麻烦（不熟悉公司文化、必须从头学起、无法成为实时战力等），并分析公司这么做有什么优点、可减少什么风险等，让这位“自己人”能安全地接手。

## 让团队成员参与招人活动，为面试者评分

另外，让员工一同参与招人活动、为面试者评分时，正好可以让他们思考自己的团队乃至整个公司要的究竟是什么样的人才，这是很好的教育机会。

以敝公司为例，平时面试新人时，我会安排所有员工一起见见应征者。然后请他们写下面试心得，并预测全体员工最想和哪

位应征者一起工作，我会参考他们写下的意见，用来决定最后要录用谁。

另外，**透过团体面试活动，还可过滤现有员工是否真的是优秀人才**。例如，失去工作热忱、工作能力欠佳、有职业倦怠的人参与这个活动，可能会语带提醒地对应征者说：“就算被我们公司录取也不见得是好事，像我自己就是个例子……”

虽然主管一定不希望有人对应征者说这种话，但借此了解现有员工究竟在想些什么，也是考核团队成员及整体状况的大好机会。

☆好主管的管理策略要点

“疑人不用，用人不疑”，否则只能是搬起石头砸自己的脚。

## 8. 主管应该偶尔故意不进办公室

一个部门里有主管坐镇，员工就像吃了“定心丸”一样，因为随时有人可以请教，当然会比较安心，但同时也有员工会因此紧张。相对的，有些主管也会因为“造成员工紧张”而惴惴不安。如果是彼此都会紧张的状态就更不妙了。因此，说得极端一点，如果主管能不进办公室或许会比较好。

要解决这个问题，我们得从最根本的立场开始谈起。主管的责任大致可分为两部分：一是“决策的责任”，二是“做出结果的责任”。而员工要负的责任则是“执行的责任”和“汇报的责任”。

因此，假设主管不在，**员工就必须负起决策的责任**。虽然员工理所当然要这么做，但主管还是要先预设简单明了的目的和目标。例如，针对这一期或是下一阶段的愿景，设定能让团队成员振奋、更有干劲的整体方向。

## 广采众议但独自决断，让所有人动起来

关系到整体经营的议题，当然得由主管亲自下达指令，但要像先前说明的那样，虚心地广纳意见，但做决定时必须自己来，不要单方面由上往下命令，最好设立一个能够让大家一起思考，并具有激励效果的目标。也就是说，不要让员工只做自己该做的事，而要让他们为整个团队、整个事业，甚至为公司提出下一个方向。

透过研讨会策划、制定愿景的效果也不错。日产汽车（NISSAN）现任执行长卡洛斯·古森（Carlos Ghosn）的“特遣队”就非常有名。

当初卡洛斯刚接任日产汽车执行长时，为了拯救颓靡的业绩，曾推动日产汽车复活计划。他让各部门有志之士组成一支跨专业的“特遣队”，这支“特遣队”因为成功取得了一线工作者的信赖，终于让日产汽车走出危机、重新振作。

让全体人员都能参与决策是最理想的状态，却不容易达成。因为并不是所有的员工都有研究拟定概念的能力和企图心，只要让他们认真听从就行了。

## ▢ 让员工自定义目标，自己评分

另外，目标执行之后，你应该要试着让他们替自己打分数。这种类似目标管理[1]的做法，可让员工配合组织目标决定个人目标。

与其单纯告诉员工“你这一期的目标就是这个”，不如**让员工自己决定，接下来该做些什么来证明自己的能力，并在事后替自己评分**。这么做无非就是希望员工了解怎么做会很顺利、怎么做会不顺，理由是什么，并在检讨过后进一步和下半年的目标链接。换言之，透过“自己决定、执行、检讨、设定下一个目标”的循环，可以打造出部门自动化的机制。

## ▢ 分享管理者权限，员工会更卖力

话又说回来，主管的确不能丢下“决策”和“做出结果”的责任，但可视状况将这两种责任移转给员工。意即，只单纯针对员工该做的工作，把做决定和做出结果这两种责任让渡出去。这么一来，员工会因为分享了管理者的权限而更努力工作，并对自己手头上的业务负起责任。

瑞可利人力资源集团创办人江副浩正的“员工皆经营者主义”，以及优衣库（UNIQLO）的创办人兼社长柳井正曾说的“所有员工都是商人”，就是这个意思。

1　目标管理（Management by Objectives，MBO）是由员工根据自己的权责范围制订目标，再交由主管审核修正，可视为一种“由下而上”（Down-top）的管理方式。

☆好主管的管理策略要点

要把一部分主管的权限转移给员工，让所有的员工都变成经营者。

## 9. 用类推思维来精准模仿，以复制成功

各位知道什么是“类推思维”吗？简单来说，就是**不以具体的事实，而用抽象的概念思考事情**。

很多人看事情往往看得太浅，眼见对方做了什么有收获，就一个劲儿地拼命照抄，然而，如果**你的模仿只停留在表面，仍旧无法成功复制对方的获利模式**。你应该试着从具体的表象，类推至抽象的概念，去想想别人成功的真正原因究竟是什么。

例如，假设A业务员在名片上放了自己的照片，成功提升了客户的反应，缺乏类推式思维的人听了之后，就只会想到也要在名片加上自己的照片（照片是具体之物，所以这不算是类推式思维）。但为何有的人尽管贴了照片，客户还是不来呢？这中间一定有什么地方搞错了。

于是，拥有类推式思维的人，在这个阶段就会开始分析背后原因（此为抽象之物）——“为什么A这么做会成功？”

仔细分析之后，你发现A的太太是彩妆师，而A本身又是个帅哥，在太太的精心打扮之下，A自然出落得体面大方，所以他才会认为，客户看了自己的照片后应该会邀约碰面。

这种企图从抽象的概念寻找答案的历程，就是“类推式思考”。

## “精准的模仿”是类推，绝非照抄

当你从抽象的概念中找到答案后，接着，就要再把此概念以具体的做法呈现出来。

在上述例子里，你透过类推思维得到的答案是：“业务员的长相若和商品相得益彰，对销售业绩很有帮助。”

因此，同样的道理，如果是换成另一个专门跑大企业、有张严肃面孔的B，当他也把自己颇具专业形象的照片贴到名片上时，或许便能成功。这就是透过类推思维，精准模仿并复制成功的最佳案例。

模仿热门商品的方法有很多种，但如果无法正确运用类推思维，从具体、抽象两个层面分析该商品大卖的原因，并把这个抽象的概念落实为具体的操作办法，往往很难成功。

类推思维在管理上很能发挥作用，只要团队的每个成员都懂得个中之道，就能更精准地从对手的获利模式中撷取精髓、复制成功。

### ☆好主管的管理策略要点

不要只从表象判定事物，类推出背后的成因更重要。

## 10. 如何管理“动物园团队”？

“我的团队成员每个人都超有个性，管理他们就像管理一座动物园。”常有主管因为团队成员个性鲜明多样而烦恼不已。

实际上，成员多样化与团队的强弱息息相关，虽然彼此价值观不合会很伤脑筋，但拥有各种不同的成员，团队整体的实力会比较强。

团队可以是“最强团队”，也可以是“最适团队”。只要先了解这两种团队的简单结构，就可以成为主管的最大武器。在本章的最后，我要传授大家这项秘诀。

“最强团队”是指由相同的角色组成的团队。这种团队因为同构型高（大家都很相似），所以配合默契，可以立即采取行动。

“最适团队”则是指由不同的角色组成的团队。因为多样性高，可发挥互补作用，以提升整体的绩效。不过，团队成员多样化，往往需要一段时间磨合，彼此才可互相了解到一定程度。换言之，组织这种团队有个潜在的风险——当你想一鼓作气取得绩效时，得先花很多时间让引擎暖机。

### 短期项目必须够强，一般业务你得互补

此外，最强团队和最适团队，可以依照项目期限（Span）的长短灵活运用，以下就以“短期内决胜负的项目”及“一般项目”分别说明。

◆ **短期内决胜负的项目**

对于短期内决胜负的项目，团队里都是相同的角色（最强团队）会比较占优势。因为短期或数个月内就要让项目结束，所以组成同构型高的团队比较妥当。

◆ **一般项目**

一般项目具有持续性，所以能彼此互补的组织（最适团队）会较强。身为主管，你得将进攻型、防守型、管理型的人才都招揽进来，组成一支可以互助合作的团队，将中、长期的项目做到最好。

总而言之，如果是短期内决胜负的项目，应尽可能找相似的成员；如果是一般项目，因为变量多，组成一支拥有良好互补关系的团队比较适合。只要能有这个观念，你就可以通过自由编组团队的方式，达到人力安排最优化。

☆好主管的管理策略要点

团队可以是“最强团队”，也可以是“最适团队”。依照项目期限，找出最适合的成员。

# 恼人属下，这样管理

CHAPTER

5

# CHAPTER 5

## 1. 做事拖拖拉拉→让他累积小小成功

前面谈了这么多管理策略，照理说主管们应该所向无敌了，但在此要很遗憾地告诉各位，即使团队各方面的运作都很顺利，“让人恼火的员工”还是存在的。因为每个人的个性都不一样，就算团队的运作再顺利，员工也很难如你所期望的那样自动自发。

因此在这一章，我想传授各位主管管理令人恼火的员工的各种方法。我将简单按照不同的状况将他们分类，好让大家可以对症下药。

这节先谈谈如何让那些懒得动、做事拖拖拉拉的员工为你好好工作。

这类员工并非不听话，交办任务给他好像也不排斥，但总是一副状况外的样子，这时你大多会想尽各种办法、用尽一切手段耳提面命。

“这样说明你会了吗？”“做好了没？”“现在情况怎么样了？”“有进展了吗？”“拜托你快点去做！”“为什么到现在还没处理？”“你到底在搞什么？”（情绪大爆炸）

很多主管都是像这样在不知不觉中失控的，这当然不是优秀管理者该有的表现。那么，该怎么办？

## 不懂设计工作流程，就让他把工作细分又细分

有的员工虽无恶意，可就是懒得动。他们的问题出在**不擅长设计做事的程序或步骤，所以时间观念薄弱**。面对这类型的员工，就算你对他大喊：“快点处理！不要拖拖拉拉的！”他还是难以跨出第一步。这时，你只需要掌握下列两个原则：

- 把工作细分成几个小部分（Chunk Down）。
- 每天只要踏出一小步（Baby Step）即可。

首先，你得先决定好今天之内能完成哪些工作，然后指派下去，让这类员工执行。

当然，最理想的状态是，你只要简单告诉团队：“本季的目标是将业绩提升至 × ×，大家努力达标。”之后每位成员就能自动自发执行。可是，拖拖拉拉的员工突然接到一个大目标时，往往无法消化达标之前的过程。

因此，主管一定要先**明确指示具体的工作是什么**。例如，整理资料、打电话、记录来客数等最容易完成的步骤，然后让他自己设计“今天要做什么”，以及“本周要完成多少”。

我再重复一次，这种类型的人大多没有时间观念，而且不擅长设计工作的程序或步骤。就因为他们不会做这类的事，因此缺乏“自行设计工作流程而成功”的经验。

基于这样的理由，你得让他们从工作最小的部分开始。只要他今天会做，明天就会做；一旦做出成果，这种类型的人可以从中体会到成功的滋味，便会如此不断循环。

然而，如果对这种类型的人说：“快点处理！不要拖拖拉拉的！”他们反而会觉得有压力，因此陷入更不想动的麻痹状态，所以请一定要避免。

我知道这样慢慢来很浪费时间，但欲速则不达。这种类型的人一开始的确是主管的负担，但当他逐渐进入状态后，你就能试着渐渐放手，最终他一定可以和其他的团队成员一样自动自发。

## 小事样样顺利完成，他就会想做大事

拥有一位自动自发、办事利落的员工，是所有主管的梦想。为了达成这个远大的目标，你应该先订好每日要达成的阶段性目标。例如，今天能够完成什么事，这些事可能是提升例行公事的效率，或把原本要两个人才能完成的工作，精简为一个人就可办到，只要有这样小小的进步就够了。

如果员工做得不错，就要明确称赞，让他们体验成功，才会更有动力做大事。达成了小目标，就再设定下一个要改革的地方，让整体团队一起成长。

## 2. 过于害怕失败→那就夸奖失败

世界上多的是胆小怕事、“玻璃心”的人，就连工作能力超强的员工，也难免会因为求好心切而承受过大的压力。

害怕失败是人之常情，然而某些“过度害怕失败的员工”，却因为这样而不敢挑战更高阶的任务。若问他为什么抗拒，他就会搬出一大堆理由来搪塞。实际上，讲了这么多，他想说的不外乎：“我就是害怕呀！如果事情被我搞砸了怎么办？”总而言之，他是因为害怕失败而宁愿什么都不做的（反正不做就不会出错）。

面对这种害怕失败的员工，与其责骂他、逼他快点动起来，还不如告诉他“失败，是成功的必经之路”，以及“不作为之罪”（指行为消极、不履行本该履行的义务，是极大的罪过）比失败更严重。

如果公司有这种麻烦人物，上头一定会要求主管积极解决。因为这种会害怕失败的人，既提不出好的建议，也不会主动采取行动。因此，为人主管者要**刻意夸奖失败，肯定员工勇于挑战困难**，员工下次才有可能成功。事实上，像丰田汽车（TOYOTA）、3M等极为重视开发新事业的公司，就有“考核挑战失败”“失败共享机制”等管理失败的制度。

一旦畏惧失败，你就不可能会赢。各位应该要先建立一个观念：**工作上的失败总有办法解决，不会让人永远无法翻身**。换句话说，工作上没有无法挽救的失败，放胆去做就对了。

然而，当中唯一的例外，便是“不愿接受挑战”造成的失败。大多数人在菜鸟时期，都曾因为自信不足、缺乏经验，而把眼前的大好机会拱手让人，等察觉到这么做有多可惜时才后悔莫及。

“无大错者即无大功。”由此看来，与其一再告诉员工别怕失败，还不如积极营造一个即使失败也不会受到责罚的工作环境。

## 让员工“想做”“全见”“能做”

最近“恢复力”（Resilience）一词备受瞩目。基于这种想法，我认为下列三点有助于提升员工的“恢复力”，并培养他们面对失败的韧性。

- **打造“这么做很有意义”的感觉（自动自发想做）。**

  给员工一个他“想做”的主题，让他觉得手上的业务很有意义、自己在这家公司是有价值的，他就会表现出干劲。

- **打造“掌握整体”的感觉（看见工作全貌）。**

  只局限在自身业务，**看不见整体在做什么，很容易让工作者产生不安。**虽然大部分的人都只是整体的一小部分

（有如一部大机器里的小小螺丝钉），但如果不清楚自己的角色是什么，**他就不会对工作有热情。**

例如，行政部门就常发生这种状况。主管未作说明，只是交代员工整理资料。在搞不清楚自己负责何种业务的状况下，员工心里就会觉得不踏实。这时，主管如果能先向负责制作数据的员工说明，公司要如何利用这份数据向客户提案、期待客户会有什么反应、这份资料能替团队争取到何种机会等，让该员工掌握整体状况，他就会觉得自己的工作很有意义。

◆ **打造“可用过去经验处理问题”的感觉。**

根据心理学的研究，过去曾有成功经验的人，在挑战全新事物时，即使是全然陌生的领域，还是会没来由地相信自己绝对做得到。事实上，这种过分乐观的态度，远比小心翼翼、缺乏信心的心态还重要。

想要达到这样的效果，前提是必须累积一定的成功经验。对于那些叫不动、懒得动的人，可借由前面提过的每天踏出一小步的做法，让他持续累积小小成功；或是请他们回想过去的成功经验（大学时代、孩提时代的事都无妨），只要回顾人生中的顺境，他就会产生“这回我一定也可以办得到”的感觉。

若是上述方法都用过了，员工还是觉得自己没办法，主管还是可以有技巧地把工作交办下去。你只要在他回顾完成功经验之后，顺势补上一句："对嘛！这种事情你不是一向做得很好吗？这次一定也没问题的！"这也是管理的妙招。

## 决策朝令夕改，人心凝聚不来

让员工感到首尾一贯（Sense of Coherence，简称SOC）非常重要。所谓首尾一贯，就是要做到起承转合、环环相扣，并让底下的人产生"只要我现阶段这么做，接下来大概就会是那个样子，八九不离十"的感觉，进而熟悉整个工作流程。也就是说，你得让底下的人从过去的经验中，学到一套标准作业流程（SOP），而不会这次是这样，下次又变成那样。

高层的策略若是摇摆不定，会给团队带来不少坏处。首先，策略摇摆不定，会让员工不知道自己到底该做什么；此外，对团队成员而言，如果今天做的事情无法获得上头担保，那身为执行者一定会非常惶恐。例如，今天高层说："公司今后要朝这个方向前进，各位要依据此方案持续努力。"明天却突然提出完全不同的策略，这会让团队成员产生无力感，除了无所适从之外，还会觉得"做什么都不对，反正上头朝令夕改"。

据说，一个人会对自己没有信心，或者对自己无法产生信心，多半都是因为过去的经验或家庭等问题，也就是精神上曾经受过创伤。但是，阿德勒心理学（将于第六章详述）指出，面对残酷的过

## 图表 5-1 给害怕失败的员工的处方

**“想做”“全见”“能做”**

- 打造“这么做很有意义”的感觉，让员工找出自己想做的主题
- 打造“掌握整体”的感觉，让员工清楚知道自己在整体中扮演的角色及负责的职务
- 打造“可用过去经验处理问题”的感觉，让员工相信自己可以做得到

**让员工感到首尾一贯**

“只要我现阶段这么做，接下来大概就会是那个样子，八九不离十。”如此一来，员工才能安心做事

**别让过去限制自己**

过去如何与未来并没有一定关系，全是个人的选择

去，有的人每况愈下，有的人却越发坚强。换句话说，有的人认为“反正环境这么无情，我干脆也跟着做个冷酷的人吧”，有的人则认为“正是因为环境无情，所以我才要更努力”。总而言之，**你的过去如何，与你的现在及未来并没有一定关系**。面对未来，要抱持什么目标，要有什么样的行为，全都是个人的选择。

对于因为害怕失败而无所作为的人，为人主管者可用上述这些方法激励他们，使其不再畏惧失败，增强他们的心理韧性。（见图表5-1）

## 3. 怕被人讨厌的“墙头草”→提醒他三件事

员工如果八面玲珑，拍马屁过了头，就会变成一个麻烦人物。

因为不想被讨厌，他会对你这个主管说：“您说的没错！”

因为不想被讨厌，他会对持反对意见的团队成员说：“是的，我也赞同！”

如果主管又提了别的事情，他会说：“真不愧是主管，太令人佩服了！”

如果早就不管事的董事长提出不切实际的愿景，这类员工也会毫不犹豫地说：“我会一辈子跟随您！”

假使这个人的赞同、附和，单纯只是为了和同事打好关系，你大可放任不管。但如果他在进行业务时变成一株“墙头草”，把该做的事改来改去，而且还顾此失彼地让任务陷入僵局，就该是主管插手的时候了。

另外，这种八面玲珑的员工，还会因为太在意别人的脸色而延误工作，或者无法坚持自己的主张而制造出许多困扰。这时该怎么做？

面对不想被别人讨厌的员工，你一定要告诉他下列三件事：

- 世上没有完全不被讨厌的人。
- 别人并不像你想的那么在意你，四处讨好反倒会让你成为麻烦人物。
- 如果老是被别人的意见搞得晕头转向，你就会陷入自我厌恶的状态。

## 立足自我才是正确的工作态度

很多人因为不想被讨厌而变成“墙头草”，但事实上，世界上没有人会被百分之百讨厌，反过来说，世界上也没有人会被百分之百喜欢，各位必须先有这样的认知。所以**不要看别人的脸色做事，而要立足自我行动**。

害怕被讨厌的人大多自我意识过强，由于太过在意自己在他人眼中的形象，他们不得不处处讨好。碰到这类型的人，请对他们说：“其实周遭的人并不像你所想的那样，一天到晚都在看着你。你想想看，你自己会整天注意别人的一言一行吗？”

因此，“究竟是为了谁（自己或是他人）而采取行动”对该员工来说，正是“能否在好的状态下工作”，以及“能否成长”的关键。

总而言之，**在人生的航道上，如果掌舵者不是自己，你终究只能随波逐流**。尽管整体团队由你带领，但每位成员还是必须能够独当一面，并立足自我进行各项工作。

不想被人讨厌的员工，做任何事情或许都会想到“这么做可能会被讨厌”。但是，请告诉他们：“就算会被一些人讨厌，也一定还会有别的人肯定你。只要你知道自己在做什么，那些讨厌你的人总会谅解你的。”

## 4. 过于渴望被肯定→夸他夸到他无感

“我是那种越被夸赞，业绩就会越好的人。”这类老爱邀功、过于渴望被肯定的员工应该不少见。

夸奖本身并不是坏事，但和前一节提到的八面玲珑型的员工一样，一旦过了头反而会惹出麻烦。

在第二章，我介绍过内在动机和外在动机。事实上，就心理层面而言，“给予称赞、夸奖”和“给予惩罚”的定位是一样的，意即不论夸奖还是惩罚，都是一种外在动机，会让接收的人对你产生依赖。

如果员工把夸奖当作激励，就会“对夸奖的感觉越来越迟钝”。简单来说，你越夸奖，他就越无感。因此，如果你想管理过于渴望被肯定的员工，使出尤为夸张的“夸赞法”就对了，不论大事、小事，只要这类员工稍有表现，你就大力夸赞，久而久之他就会对此无感，不再动不动就来邀功了。

### 多夸，但保持距离是上策

如果你不想让员工对此死心，只想使他稍加收敛的话，可以试试下列方法。面对过于渴望被肯定的员工，“倾听”是最基本的态度。但对他太好的话，同时也潜藏了“提高对方依赖度”的风险，所以主管最好保持一点距离，**站在安全范围外付出关心即可**。

例如，对于这类员工，你打招呼、对话的次数，只需要比一般的员工稍微多一点。总之，给予特别对待只会让状况更恶化，你不需要过度冷漠，而只需不着痕迹地**当作日常惯例一般淡化处理**。

话虽如此，根据马斯洛（Abraham Harold Maslow）的需求层次理论（人类需求从低到高可分为五个层次，分别是：生理、安全、社交、尊重和自我实现），你仍然得满足员工“安全”和“自我实现”这两种需求。因此我建议，**透过四目交接、微笑、正确喊出对方名字，做到基本的交流**，让这类型员工知道“我已经是团队中不可或缺的一员”就可以了。

## 5. 爱插手别人业务→提醒他、依赖他

公司里常有一种人，你明明不需要，但他就是不请自来地想教你做事，或是一个劲儿地帮忙。

这种员工通常没什么自信，他不过是通过插手其他成员的业务，以确保自己的立足之地，并满足自我的重要感。

这种“总是插手别人业务、爱多管闲事”的员工，以年纪较大的员工居多。尤其是身为主管的你年纪比他还小时，这种人出现的几率就特别高。

这类员工最令人困扰的地方是，只要你拒绝他插手，对方就会生气、抓狂，觉得你没把他这个前辈看在眼里。

当然，他们给的建议也有可能是好的，所以你也没必要一律回拒。但是，如果这个人已经明显介入且做得太过分的时候（例如要某位员工把整份报告交给他处理），你这个做主管的就必须不客气地告诉他：“××（被插手的员工）已经可以独立作业了，不劳你费心。”请他重新确认分内工作，把自己和别人的业务划分清楚。

## 刻意表现出依赖，让超龄员工觉得自己重要

我知道这类型的人内心通常都很不安，因为年纪一大把了却没有机会升迁，周遭都是刚从大学毕业、前途无可限量的年轻人，甚至连主管都比自己年轻，这让他怎能安心？

面对这类员工，主管最重要的工作，就是要在团队中给予他明确的定位（通常是担任指导者的角色），让这些人知道“这个任务非你莫属”，借此满足他们希望被肯定的需求。

而身为主管的你，如果你的年纪比他们还小，刻意表现出依赖、请教的姿态，通常效果也不错。总是插手别人业务的员工一旦被你依赖起来，他们的自尊心和自我重要感就能获得满足，反而会更服从你且更积极地投入工作。

## 6. 暴走型怪兽→他激动你就冷淡，给他归属感

对一家公司而言，容易暴走的“怪兽”员工是最恐怖的，就像“秀才遇到兵，有理说不清”。出乎意料的是，这种类型的人大多聪明绝顶，不少人还拥有MBA等学位。

实际上，这种类型的人脑筋好，人格却不够成熟。例如，电视上常见的评论家、名嘴等人，似乎都喜欢对着周遭的人指指点点、不断抛出自认为正确的理论企图说服众人。这其实也是一种渴望获得肯定的表现，不过，“想赢过对手”的心情似乎还是占了绝大部分。

沟通、讨论当然是好事，但如果出现攻击性的言论，或是在原本已经有点火药味的对话中火上浇油，单纯为了反对而反对，就不太妙了。我见过许多无法控制自己的情绪、进而让场面失控的人，大多是容易暴走的“怪兽”员工。

面对“怪兽”员工的无端挑衅时，最糟糕的应对方式就是“认真把他当作对手”。一旦你的情绪被他撩拨起来，同样大动肝火，就合了他的意。其实你只要**全程表现出淡然即可**。

### 员工暴走别上当，冷处理才是王道

事实上，这种类型员工所强调的理论，通常都没什么内容，或是一些听了就有气的歪理。身为最了解工作本质的主管，听完之后应该都会很想反击。但是，这种类型的人就算知道自己说的是错

的，还是会不分青红皂白地硬拗到底。所以，主管一定要努力用沉稳的口气，只针对重点及必要的事项慢慢说明。

一旦你也跟着感情用事，双方的情绪就会一起往上冲，所以此时主管最重要的，就是设法让对方平静下来，并以冷静（甚至冷淡）的态度处理。

**工作一出错就很容易抓狂的**，大多也是这种类型的人，这时他们会立即回嘴："是你没说清楚、没告诉我，不是我的错！"把责任推得一干二净。当然，如果真的是主管的疏失，一定要马上说："是我忘了提醒你，很抱歉！"但是，这种类型的人通常也很狡猾，且大多非常聪明，对于自己的过错常会反应过度，由于害怕丢脸，他们大多**死不认错，并习惯用先发制人的怒意来掩饰心虚**。

因此，为人主管者一定要明确表示，"自己完全不是在挑衅或取笑"。当他们出错时，不要不问缘由，开口就说："你为什么会出错？"一定要设法让对方把事实说出来，然后再冷静地和对方讨论"接下来该怎么办"。

前文提到，这类员工动不动就抓狂，是因为渴望获得肯定，这种人就像颗不定时炸弹，平常就容易让职场的气氛紧张，且他们对于周遭的事情通常漠不关心，不在乎别人的感觉，却对自己的感觉非常敏感。总之，他们会很自然地**把别人的任何反应，都当作是在诋毁自己的人格**。

因此，这个时候，身为主管的你一定要说："我不是在挑剔你的能力，更没有藐视你的意思，我只是说你的做法可能是错的。"意即，你得强调自己只是针对做事的方法和程序提出疑问，而非故意刁难他（对事不对人）。

但是，当他工作进展顺利时，你就要大力夸奖，简单说一句：“干得好！团队里有你真是太好了！”这样就能让“怪兽”员工把平日的怨恨及不满抛诸脑后。（不过，正如前文所言，过度夸奖会让人产生依赖，请留意这个潜在风险。）

## 让员工有归属感，他就不会“擦枪走火”

话又说回来，**“怪兽”员工之所以危险，大多是因为觉得自己“聪明绝顶却不被了解”**。当他们在团队中找不到归属感，长久下来就会感到孤寂和愤怒。

换言之，只要让这种人对团队有归属感，他们就不会“擦枪走火”。

所以平日除了要多注意他们的言行举止之外，还要刻意制造温馨的交流，并让职场有活泼开朗的气氛，这样就能减少积怨。（这与“流动的河川较少淤泥”是一个道理。）

就长远来看，这么做的确效果颇佳，甚至可以改变一个人的个性。例如，某公司有个表现优异却很容易抓狂的女职员。当她有所表现时，她的主管总是刻意把她推到最前面接受表扬，长久下来，女职员便渐渐对于自己动不动就抓狂的行径感到难为情，再加上团队气氛温馨、彼此互相打气，她的个性也变得温和了许多。

尽管本章介绍了许多管理令人恼火的员工的方法，但现实生活中还是有很多例外，有的甚至会严重威胁到公司的经营安全。

主管如果知道公司里有这种员工，建议还是尽早设法解决隐患比较好。如果你服务的是大公司，就找人事部；如果是新创事业或中小企业，就找董事长；如果你自己就是董事长，那不妨向经营顾问公司寻求协助。

# 当主管该有的心理素质
# ——向阿德勒学几招

CHAPTER

6

CHAPTER

# 6

## 1. 当主管，立场很为难？因为太想改变别人

“我不过是个人！”

这是日本著名诗人暨书法家相田光男的名言，这句话让世上许多人受到了启发，包括主管在内。

没错，就算你是掌管数百名员工的主管，下班以后也不过是个普通人，不是万能的。我们也有吃不消的时候，也有想偷懒的时候；有兴高采烈的时候，自然也会有想哭泣的时候。

然而，一旦成为主管，或是自行创业成为经营者，很多人就觉得自己必须无所不能。但是，诚如我一直告诉大家的，作为一个机智的主管，就应该处处想得开、一切放轻松、顺其自然。

2014年，迪斯尼动画电影《冰雪奇缘》（*Frozen*）的主题曲《随它吧》（*Let It Go*，日版翻译为“真实的自己”）迅速风靡了全世界，相信

不少人都能哼唱两句。

如同歌词内容所述，只要坦率地活出真实的自己，你就什么都不必害怕了。电影中的埃尔莎公主（Elsa）挣脱了原本束缚自己的种种教条，成为无所不能的冰雪女王。做主管也是一样的道理，只要你跨出那一步，就一定能改变现况。

在这一章里，我想请各位一起动动脑，看看自己可以做到什么程度，是否真的可以改变自我。

## “当主管立场很为难，我不适合这份工作”，真的吗？

身为主管，你是否常为职场运作不顺、人际关系触礁而烦恼？“好累啊，我真的做不下去了。或许我根本不够格当主管吧，说不定改行会比较轻松……”当你疲惫不堪时，各种负面想法瞬间涌上心头。

提醒各位，陷入这种情绪时，找个人谈谈会比较好。总之，不要急着下定论，行动前最好再想一想：你究竟为什么会任职于现在这家公司、进入这个领域，并居于现在这个职位？

**你现在之所以会居于这个职位，是因为你有之前一路累积下来的各种经验。**从踏出校门、进入社会到现在，不论你是一直待在同一家公司的同一部门，还是职务已异动过无数次，或是换过一两次不同的跑道，都是因为有这些经验，才能让你到了现在的这个位置。

也许现况艰辛，但仔细想想，应该也不是所有的事情都出了问题吧？最重要的是，你得清楚地认识到：这一切都是你个人的选择。

读到这里，你也许会想反驳："话是这么说，但是我在职场的状况真的很糟糕呀。"请不要着急，静下心来再仔细想一想。

你现在对职场的不适应，并不是公司规定你要这么做的，而是你个人的感觉。（也就是说，这是你自己定义出来的结果。）

比较严苛的结论就是，"你现在的状况，全都是你个人的选择，而且全都是你自以为是的认知"。

因此，你是不是应该要先试着接受所有的状况？然而，对于所有的状况，**你既不需要过度肯定，也无须过度否定**。

总之，请先试着接受一路走来的自己（也就是"真实的自己"）。然后，设法走出过去、迎接未来。也就是说，不要再为过去烦恼、悔恨，要积极计划未来的路该怎么走。

"**你无法改变别人和过去，但是你可以改变自己和未来**。"相信大家都听过这句话，所以你一定可以按照自己的意志改变未来。

你之所以能居于管理职位，一定有它的意义。今后该如何开启未来的路，和你的公司、主管、员工都无关，因为选择权其实一直都在你自己的手里。

## 2. 对周遭事物敏感，对自己感觉迟钝

如果你的员工、上司、客户、合作对象等，经常把目光聚焦在你这位主管身上，可能会让你觉得成天神经紧绷，甚至力

不从心。

第三章介绍的“职场情绪能力二十四要素”（见图表3-2）中，有一个“社会自我”，这是一个有关“想知道周遭之人如何看自己”的素养。社会自我高的人，很关心周围的人怎么看待自己。所以常会以他人给自己的评价为核心，并按照他们的期待行动。

反之，社会自我低的人，比较不关心别人如何看待自己，也不在乎别人给自己何种评价。他们大多不理会别人怎么说，自己想怎么做就怎么做。

当然，这没有对错或好坏之分，不过是个人的特质。然而，各位身为领导，最好还是**试着把社会自我降低一点**。

领导团队绝对不是一件容易的工作。不论团体成员是多是少，只要是一群人一起工作，就难免会产生摩擦。因为组成团队完成任务，或将众人放在相同部门一起共事，就代表把拥有不同经历、背景、常识的人聚在一起，协力达成目标、并肩作战。为此，领导者必须顾虑彼此的感受，订下大家都得遵守的规定，彼此互助合作。但每个人都是独立的个体，一个人都可以心猿意马了，一群人当然是“人心难测”。

换句话说，带领众人时，你原本就不可能做到面面俱到、万众一心。

因此，主管在采取任何行动时，都必须**根据自己的核心价值、信念来做事，而不是以奉承、讨好众人为出发点**。

## 专注于眼前课题，全力以赴

如果常被周遭他人的评价和看法动摇，你就很难成为一个有始有终的领导人。实际上，那些创业家、引领变革者，其社会自我大多非常低。换句话说，他们都是“对周遭事物敏感，却对自己的感觉迟钝”的人。

但是，**在大型企业居于中阶管理职位的人，社会自我却有偏高的趋势**。这些人在求学阶段多为乖巧的好学生；出社会工作之后，则继续接受公司或周围的人给自己的评价。

那么，这样的人要怎么做才能把社会自我降低？其中一个方法就是“集中精神做你现在该做的事”。因为纵使有人跟你说“不要在意旁人眼光”，你也很难真的做到。

人的意识很奇妙，当别人越告诉你“不要想这个”，你就越会去“想到这个”。著名的白熊心理学（White Bear Phenomenon）讲的就是这个现象。当别人越是要你不要去想白熊，你就一定会想到白熊。

总而言之，如果你无法摆脱他人的注视，与其动不动就患得患失，还不如训练自己专注于眼前，并全力以赴。

## 3. 那是员工的人生，你点到即可，别太投入

如同我先前说明的，如何响应员工的烦恼是非常重要的课题。难得有员工前来请教，你苦口婆心地开导劝说，可是对方却没听进

去。“为什么会这样？”你很焦急，与此同时，员工所担心的事影响了你的情绪，这是好人主管经常遇到的状况。

那么，好主管的态度又是如何？他们会告诉自己，员工不听从建议、任凭自己被不安和悲伤折磨，这全是“员工的问题”，而不是“主管的责任”，清楚地将之切割开来。

近年来备受注目的阿德勒心理学，将上述行为称为“课题分离”。

阿尔弗雷德·阿德勒（Alfred Adcer）和西格蒙德·弗洛伊德（Sigmund Freud）、卡尔·荣格（Carl Jung），并列为心理学“三大巨头”。就连被称为“自我启发之父”的戴尔·卡内基（Dale Carnegie），以及提倡教练式领导（Coaching）、身心语言程序学理论（Neuro Linguistic Programming，NLP）的斯蒂芬·科维（Stephen Covey）博士，都深受阿德勒的影响。

## 被员工的问题影响情绪，那你问题大了

为人主管者，在遇到状况时，请不时自问下列两个问题：

“这件事情最后要伤脑筋的人是谁？”

“要解决这个问题的当事人是谁？”

不听从你的建议，或许因此失败的是员工，不是你这个主管；会永远沉浸在不安、悲伤中的是员工，而不是你。

若你参与了员工的咨询、给予建议之后，却陷入不安、悲伤的情绪里，那就是“身为主管的你”的问题。事实上，**你只需要诚实以对、点到为止，完全不需要投入到这种程度**。至于员工会有什么反应，不是你能控制的，因为这全是他自己的选择。

如果把“员工的问题”和“自己的问题”混为一谈，你就会强烈希望事情能按照自己的意思解决，进而导致感情用事。但请各位记住，我们可以把马牵到水边，却不能强迫它喝水。总之，带人时，你得把自己和员工的问题切割开来，无须把整个人都赔进去（见图表6-1）。

## 4. 没人讨厌你，表示你毫无表现

工作场合里能有推心置腹的朋友，精神上就能有个寄托。尤其是和自己一起进公司、年龄又相仿的同事，因为彼此价值观相近，很容易在精神上产生依赖感。

不过，再怎么意气相投，都不能无条件撒娇、依赖。这么做是有风险的，希望大家都能有这个认知。

在工作上，如果你的部门或团队中出现小团体，你得小心为上。若彼此只是单纯的切磋琢磨当然好，但如果你是好人主管，往往就会在不自觉中产生“我不能太突出、锋芒太露”“我得顾虑其他同事感受”的压力。

身为主管，千万不要掉入“没顾虑到他人感受会被厌恶、嫉妒”的陷阱里。因为这会让你在必须发挥实力时裹足不前；更

图表 6-1 **主管和员工的问题要区分清楚**

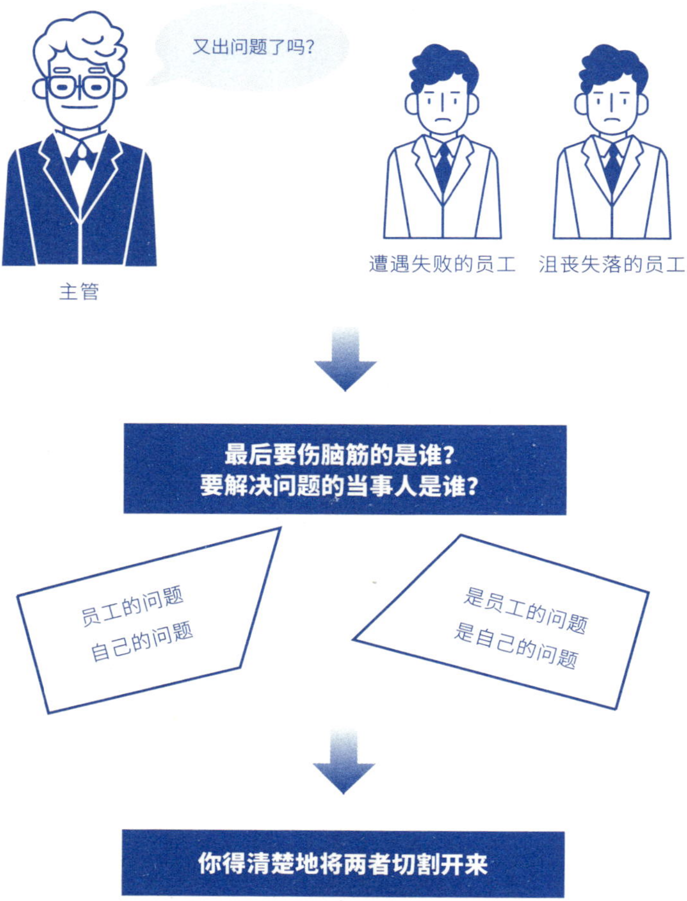

会让你害怕使出全力、不敢拿出更好的业绩，从而妨碍你的事业发展。

### 对那些无理反对你的人视而不见

前面提过的“课题分离”，在这里就可以派上用场了。**同事嫉妒你、讨厌你，是“同事的问题”，不是你的问题。**

这个方法不但可以解决职场上的人际问题，也适用于所有的状况。每个人都不可能百分之百被喜欢，也不会百分之百被讨厌。

日本前首相小泉纯一郎，以及现任首相安倍晋三，他们全盛时期的支持率都在60%至80%。虽说这是极高的支持率，但不支持他们的人也有20%到40%，所以故意对不支持你的人视而不见，其实也没什么大不了。

至于因为太突出而被嫉妒、厌恶时，该怎么办？其实这种事情想再多也没用，我还是那句话，集中精神聚焦在眼前的业务上，才能专心致志地往前迈进。

## 5. 理解你的主管，驳倒他不会让你胜利

尽管你已开始带人，但你上头通常都还有主管，担任管理职务的人该如何和自己的顶头上司相处，绝对是个不容小觑的课题。（如果你已是董事长，则可以想象成和另一家企业的董事长、股东之间的关系。）

据说人会对职场不满、会想要换工作，有九成的原因都是因为

“对主管不满”。我身为专业的人才顾问，几乎每天都要倾听来自各个公司主管的抱怨。

> “他们的方针分明就是错的。”“主管根本不相信我。”“董事长老是把事业推往自以为正确的方向，其实根本不是那么一回事。”……

遗憾的是，如果你和你的主管处不来，唯一可以确定的是，即使你击败了他（驳倒他的立场，证明自己才是对的），你也不会是胜利的一方。

因为你的敌视将诱发主管反击，如果对方是一般常见的“反应型”主管，他就会出现接下来要说明的“不当行为”。

## 无法苟同时，用理解代替同意或不同意

不当行为的学说，由出身阿德勒心理学派的鲁道夫·德雷克斯（Rudolf Dreikurs）提出，内含四个阶段的错误目标，即“寻求注意→权力斗争→寻求报复→自我放弃，表现无能”（见图表6-2）。

陷入不当行为的人，在第一阶段为了吸引他人目光，会刻意制造问题和麻烦。如果进展不顺利，他就会进入斗争阶段；如果事情不如自己所想，他会接着用更偏差的行为来报复对方；最后，索性自我放弃，避免和别人产生关系，并开始处处强调自己究竟有多无能，以失败者自居。

## 图表 6-2 不当行为的四阶段错误目标

### 第一阶段 | 寻求注意

- **为了吸引注意而制造问题**

自以为只有在引起注意时，自己在世界上才有一席之地。

### 第二阶段 | 权力斗争（寻求权力）

- **为了证明自己的力量而采取各种行动**

以为握有权力才能证明自己的重要，最明显的特征是具有攻击性，凡事都想当老大。

### 第三阶段 | 寻求报复

- **如果事情不如意，就用偏差行动展开报复**

自认为伤害别人才能在社会中找到自己的地位，就如同别人伤害他一样。

### 第四阶段 | 自我放弃，表现无能

- **避免和别人互动，处处突显自己的无能**

把无能当挡箭牌，摆出无法胜任的样子，避免任何可能失利的状况。

如果你和主管处于敌对状态，最后不是被权力比你大、职位比你高的对方驳倒，就是在事后遭到挟怨报复。即使你在这场斗争中侥幸获胜，最后留下的也只是和你撕破脸的主管、冷眼旁观（或尴尬得如坐针毡）的同事，以及精神备受煎熬的自己。

以追求健康职场关系为目标的管理策略，不但不搞这种没有成果的斗争，还要贯彻开放、互相信赖的态度。

就如同我在第二章说明的，“同意或不同意”和“我理解你”这两种回答其实不相违背。尽管你不同意主管的意见，但至少可以回答“我理解你说的”；如果你真的无法苟同，也只要轻描淡写、语气开朗地告诉对方“我是基于 × × 的理由，和你有不同的意见”就行了，相信主管若是足够明理，一定不会为难你。

根据情商理论，“人会说之以理，动之以情”。驳倒对方的主张，或许可以说服众人，但双方的感情势必会受伤，对方绝对会下意识地排斥你。因此，在感情方面，如果能和主管保持良好的成熟关系，你就赢定了。

## 6. 练习和内心的小恶魔交手，并占上风

在此要再强调一次，主管也是人。我们既非圣贤，更不是万能的，每天在压力下生活，一定有各种负面情绪不断在心里翻腾。例如，“好累”“烦死了”“我想放弃了”“真闷”“好羡慕”“我会被他气死”等，就像小恶魔一样不断撩拨你的心情。

为什么人会有负面情绪？如同我在前面说过的，情绪这玩意

儿其实来自当事人的解释及定义。换句话说，是你自己赋予它意义的，因此情绪并不等于事实。

例如，下雨令你觉得“好郁闷”，这是因为你将下雨这种现象，赋予“郁闷”的意义。对喜欢读书的人而言，下雨或许是件好事，因为他们想到的是“今天可以一边欣赏雨景，一边在家看书了”；如果是农家的话，应该会觉得“太好了，这下有水可以灌溉农田了”。

总而言之，你的解释及定义，将会影响你对现象的看法。

话又说回来，你之所以对员工的言行感到焦躁、愤怒，是因为你对员工的行为赋予了某种意义，当中一定包含某种你心中渴望（却无法如愿）的目的。

例如，你想控制员工、想偷懒不处理麻烦事、想选择放弃等。是不是被我说中了呢？

## 发飙前先默数六秒，别让情绪控制你

当然，要排除或处理所有的负面情绪是不可能的。但是，主管仍然必须学习如何驯服“内心小恶魔”的技巧。以下提供两种方法：

第一个方法，让负面情绪离开你的身体。也就是说，你得改用第三人称的立场，重新确认自己现在的情绪状态。

例如："天啊，这家伙真的好生气！""他（其实是你自己）为什么感到焦躁？"

这对大家来说应该不会太困难，请试着挑战看看。

另外一个方法，是以客观的角度思考"我现在因为什么原因不高兴"。当你这么反问自己之后，就能接着得到：

"因为我希望员工能赞成这个意见，但他却一直反驳我。""因为我带人带得很烦了，很想逃离这份工作。"诸如此类的答案。

不少人可能会觉得这么做很困难，但透过自问自答，不但可以慢慢厘清自己真正的目的，还能增加控制自我（Ego）的能力。

特别是愤怒的情动（Emotion）[1]涌现时，据说要将它产生的情绪信息传递给脑皮质，只要短短六秒就够。六秒，恰是情绪和思考得以链接的时间。因此，建议各位发怒前，先在心中默数六秒，就能让翻腾的情动镇定下来。

## 7. 成为一个懂得感谢、给予他人勇气的人

主管每天应该抱持着什么样的心情过日子呢？

---

1　情动为心理学专门用语，泛指愤怒、恐惧、快乐、悲伤等会快速被勾起的短暂、偏激的情感。

精神饱满、积极正向、活泼开朗，能有这些感觉当然最好。不过，你也无须为了达到这样的效果，而刻意表现出元气满满的样子。

无论自身意愿是怎样的，主管们为了成为员工的表率，大多会下意识地将自己的状态调整到最健康、最坚强的程度。但根据本章所引用的阿德勒心理学，**人们最想拥有的其实是“勇气”**。所谓勇气，在这里是指**“克服困难的力量”**，这是在打造具有建设性的人生时，一种不可或缺的力量。

阿德勒心理学把积极推动员工、让他们拥有力量、能克服困难的行为，称为“给予勇气”。能够给对方勇气，就可以让他更相信自己；而能够相信他人并发现对方心中美好事物者，就是可以给他人勇气的人。

要给予对方勇气，不是拼命夸对方“做得好”，而是要开口说出：“谢谢，你帮了我大忙！”**比起夸奖，更重要的是发自内心的感谢**。

## 你的感谢及肯定能让他成长得更快

当你仅仅给予外在的激励（即“胡萝卜”和“棒子”），只会增强员工的依赖性。换言之，员工真正需要的不是横向开展的评价，而是纵向发展、能够促进互信关系，并让员工独立自主的感谢及肯定。

主管要先有勇气，才能给予员工勇气，而想让员工鼓起勇气，最重要的就是要让员工感受到自己对组织、团队有所贡献。如果主管和员工之间的关系，不但有建设性且能互相信赖，员工在这种状况下，就会自然而然地产生更多勇气，并乐于接受挑战。

如此一来，你所带领的团队一定会充满活力及希望。

## 8. 投资自己，有三种方式

对每天以工作决胜负的主管而言，周末假日或是平日的夜晚，就是重要的恢复时间。前文也提过，一旦主管让团队成员自动自发，就可以把省下来的时间拿来做别的事或休息。

然而，休息也有好坏之分。充实自己、自我投资是好的休息，白白浪费时间是不好的休息。好不容易有喘口气的时间，有人用来暴饮暴食、赌博，浑浑噩噩度过。这么做或许当下会很舒畅，但麻烦的是有后遗症。例如暴饮暴食的结果可能是搞坏身体，赌博的结果可能是债台高筑，大家还是小心为妙。

主管的自我投资，大致可分为以下三种：

**（1）与“与他人会面”“获得新信息”“四处走动”有关的活动**

这指的是和平日生活圈以外的人见面，例如参加读书会、电影欣赏会等，能使你接受不同刺激、增广见闻的活动，可直接或间接开拓你的视野。若想成为有深度的人，不妨透过这些活动摄取更多养分。

**（2）能维持身体健康、强健体魄的活动**

领导者最大的资本就是健康。新闻也常常报导，许多大公司的经营者和领导人都非常热爱运动、挑战铁人三项。如果你觉得生活枯燥、疲倦，与其睡大头觉，还不如养成规律运动的习惯，这样更能纾解压力。

**（3）找出时间自我反省，重新审视目前的工作与生活**

一周中只要空出几十分钟或一个小时自我反省就够。好好利用这段时间回顾当周发生的事，并规划下周要做哪些事。把脑袋和心情稍作整理。

当你好不容易从繁忙的工作中有了一点闲暇，千万不要虚耗度过；主管要懂得聪明地利用这些时间，如此一来，就能比其他人抢先一步，不断向上提升。

### 缘寻机妙，多逢圣因

日本著名的思想家安冈正笃曾说过："善缘会自然发展出更好的缘分，真的非常奇妙——这就是所谓的缘寻机妙；当你与善人结交，就会有好的结果——这叫多逢圣因。因此人们一定要尽可能思考如何遇见好的机会，常去好的地方，与好人结交，多读好书。"

诚如安冈大师所言，各位一定要心存善念、不断累积正面能量。

## 9. 习惯从不背叛你，不论好坏

我经营人才顾问公司，见过无数成功、失败的经营者及领导人，听他们说话，其中有两句话让我印象深刻，且在之后每次演讲、写作的场合中，我都会一再引用：

“一事成功，万事顺利。”

“人是习惯的生物。”

提到习惯，也许各位未曾注意到，我们每天都在重复数量惊人的习惯。从早上起床刷牙，到在熟悉的道路上驾驶，我们都能以“自动导航”的模式进行，好让大脑不会因为专注于每个刷牙的动作，或不断微调方向盘的细节而负荷过度。大脑会通过定位这些习惯回路做出反应，进而达到“习惯成自然”的境界。换句话说，只要重复操作，就可以让该动作成为习惯。

## 好习惯比努力可靠百倍

然而，一个人不论言行举止多么大方、从容，当他在工作岗位上执行任务时，存在于内心深处的习惯（或说本性），还是会原原本本地显露出来。

习惯最可怕的地方在于，一旦养成坏习惯，你就很难甩掉它们；然而，反过来说，**如果你养成了好习惯，同样会在无意之间表露无遗**，将你带往更好的方向。

畅销全世界的自我启发书《世界上最伟大的推销员》[奥格·曼狄诺（Og Mandino）著]中，有一句非常经典的话：“任何人都应该遵守的法则，就是创造好习惯，并成为好习惯的奴隶。”日本棒球巨星铃木一朗也曾说：“想完成梦想，得先从累积微不足道的小事开始。”

的确，习惯是靠不断重复做小事培养出来的。好人主管天天为“大事”努力，甚至不惜做到粉身碎骨。好主管则是不逞强，每天反复做着“微不足道的小事”，持续累积之下，等你回过神来，就到了一个意想不到的地方。

努力很重要，但是**比努力可靠百倍的武器是习惯**，因为习惯绝对不会背叛你。身为主管真的无须过度逞强，随时保持坦率、表现出真实的一面，就可以带动底下的人效仿，让你拥有一支自动自发的团队。

# 不想每天穷忙瞎忙，就运用七个小策略

CHAPTER

7

CHAPTER

# 7

## 1. 你必须表面有温度，内心有灵机

关于管理策略，前面已经说明得差不多了。本章的总归纳，我想以“好主管的领导力”为主题，介绍“不想每天穷忙瞎忙的七个小策略”，让你每一天都比昨天更“狡猾”。各位若不想老是吃闷亏，就要好好把握这一章的内容。

根据日本生产性本部的调查（Japan Productivity Center，JPC），在1990年，日本的劳动生产率（每位就业者的人均国内生产总值），在经济合作与发展组织（OECD）中排名第六，但到了2012年，排名则大幅滑落到第十八名。

而国际管理发展学院（IMD）的统计资料更指出，日本的国际竞争力，已从1992年的世界第一，一路下跌至2014年的第二十一名。

虽然各家公司的营业目标都不同，但身为主

管，你最该注重的仍是自家团队的生产率。因为上头的人对于一支生产力高，又能不断缔造佳绩的团队，绝对不会有任何牢骚。

### 多做、做久都没有用，你需要的是效率

请各位先有这样的认知：公司绝对不会因为你花时间、肯努力，就支付你较高的薪水，每个工薪阶级的收入，都是来自**公司收益的部分配额**。

换言之，好主管必须把员工（或说整体团队）的生产性放在第一位。你要精准比较每个成员的平均业绩、利润和营业利益，并正确地把每个人放在最适合的位置，你的团队才能稳定地朝着生产性极大化迈进。

但要怎么做，才能让底下的人既肯乖乖听话，又死心塌地地为你付出？首先，别用口才，你得靠演技。最好能做到“**表面有温度，内心有灵机**”的境界。善用各种技巧，以和蔼的口吻让员工照着你的话做，却又不觉得被奴役而心存怨恨；更要让他们认为你很亲切可靠，但又不能像猴子一样踩到你头上。换句话说，你得设法成为一个“会让人想跟随的主管”，具体做法将在下节说明。

## 2. 展现五种个人特质，员工超想跟随你

主管最想听的一句话，大概非“我想跟随部长，希望将来成为像您这样的人”莫属了。在本书所讲的管理策略中，成为“让员工非常想跟随的主管”是非常重要的主题。

美国社会心理学家罗伯特·西奥迪尼（Robert Beno Cialdini）在他的著作《影响力：你为什么会说“是”？》中，介绍了六个看似一般却绝对会影响对方的六个心理原则。分别是：互惠（Reciprocation）、稀有性（Scarcity）、权威（Authority）、承诺与一致（Commitment and Consistency）、社会认同（Social Proof）与喜好（Liking）。

日本职场生涯专家小笹芳央（曾于知名顾问公司Link and Motivation Inc.担任董事长），便以这六大心理原则为基础，把领导力的来源归纳成五种特质（见图表7-1）。他认为一个有魅力的领导者，必须具备以下五种特质：

- 惊人的（专业性）
- 出色的（具有个人魅力）
- 坚定的（一致性）
- 可贵的（互惠性）
- 可怕的（具有权威）

各位身为公司的主管，都是靠着专业才晋升到管理层，所以大家应该都能充分发挥惊人的专业能力，这点无须多做解释。

至于出色的个人魅力，乍看之下好像有点难以捉摸。但人类接收到的信息，其实有九成以上都来自视觉。所以你的外貌给人何种印象，将会决定你个人魅力的高低。例如，帅哥、美女给人第一眼

图表 7-1 **魅力领导者的五种特性**

| | |
|---|---|
| 1 | 惊人的（专业性） |
| 2 | 出色的（具有个人魅力） |
| 3 | 坚定的（一致性） |
| 4 | 可贵的（互惠性） |
| 5 | 可怕的（具有权威） |

的感觉，大多就是个会做事的人。

尽管如此，各位不具高颜值的一般人（抱歉啦！）仍然有胜算，因为**人们较容易对于接触频率高的人产生好感。因此，千万不要小看和员工谈话、交流的次数**，你主动出声打招呼、给员工一个微笑，这些都是可以增加你个人魅力的做法。（切记，这也是帮助你表现出“表面有温度”的重要行动。）

## 威严是种无声的强制力

而在工作上表现出坚定的一致性，应该不用我多说。看了前文这么多的例子，相信大家都知道，一位主管若能对专业表现有所坚持，必定能赢得员工的信赖及尊敬。

再看到互惠性，这是西奥迪尼在《影响力：你为什么会说“是”？》一书中特别倡导的关键理论。人若受惠必会感恩，也就是施与受（Give & Take）的原则。每个人都不喜欢欠人家东西，尤其人情债更难还。**互惠就是基于这种心理原则才得以发挥效用**。

至于令人畏惧的权威，则是一种最原始的力量。由上而下型（Top-down）的组织，或是军队、政府机关等官僚型的团队，大多通过这种结构让组织发挥机能。只是，自古至今，不论东、西方国家，以强权号令者，大多只会让员工表面服从，却在不自觉中被底下的人出卖（如凯撒大帝[1]）。就中、长期的观点来看，这应该不是

1　凯撒大帝，古罗马军事统帅、政治家，后因独裁和大幅改革引发元老院成员不满，最后遇刺身亡。

大家希望看见的现象。

但对主管而言，威严仍是职场上很重要的一点。在工作上要适时发挥你的威严，并使它变成你的人格特质之一。最好能达到让员工私下提醒“在主管面前最好不要敷衍搪塞！”“千万不要对他说谎！”的效果。威严是一种无声的强制力，希望各位主管都能发挥这种不怒而威的影响力。

## 3. 员工的自由，不能大到动摇你的位置

每个人都希望自己是重要的，前面已经提过了“让员工满足自我重要感”的例子，而主管同样有这样的需求。

但如果你为了能让员工信服，而处处帮他们设想周到、事后收拾残局，就会再度落入好人主管的陷阱，完全违背了“狡猾”管理的原则。

当发生了连你也无法招架的状况时，你只需要耐住性子、专注想着一件事：如何保住你现在的位置。

如果你是握有最后人事权的最高决策者，那么不必烦恼，只要你能确保自己的地位不被动摇，尽管放手让员工去处理即可。万一底下的人不照公司的方针做事，导致严重失误时，就搬出你的人事权，给予应有的处罚（如减薪、降职、降级、解雇等）。但是，你虽握有“权力”这把尚方宝剑，出鞘时还是要格外小心，如果滥用人事权，你的员工将会一个一个离你而去。

## 员工如果太自由，他们就会放弃你

坦白说，公司里立场最为难的，就是担任中阶管理职务的主管了。尽管你很想进行高效管理，让员工自由发挥长才，但尴尬的是，如果员工光靠自己就可以做得很好的话，公司还要你这个主管干吗？这可真是伤脑筋。

关于这点，我提供两个对策。

**第一个对策：你得让底下的人搞清楚，主管与员工各自拥有的权限和责任有什么不同。**

员工拥有的权限和责任是“执行”和“报告”；主管所拥有的权限和责任是“命令”和“结果”。我希望你告诉团队成员，他们可以在团队的框架内自由发挥。然而，制订团队框架大小、范围、规范，是主管的工作，换句话说，这是你的权限和责任。

只要这么做，就不会让员工产生误解。他们心里明白，尽管能放开拳脚执行任务，但仍要把主管的指示放第一位。如果这部分暧昧模糊，一个不小心，员工就有可能不认可你这个主管，甚至放弃你。因此，缰绳不用拉得太紧，但绝不能完全放开。

**第二个对策：除了职场之外，你还得找出其他可以满足自我重要感的场所。**

例如，下班后和家人共享天伦、与老朋友聚会谈心等。让自己在离开公司之后，另有丰富的个人生活，这除了有助于生活幸福之外，也可以让你在重回岗位之后大显身手。

即使职场状况百出，下了班之后，你还是另有其他朋友在支持着你，所以平日一定要好好珍惜家人和朋友。

## 4. 先说清楚规矩，员工就不觉得受拘束

“狡猾”的管理策略最神奇的部分，就是**能让员工在你的规划中，“自认为”不受拘束、积极主动地开展业务**。（但其实一切都是你布的局。）

因此，当大家利用前述方法创造工作局面之后，还要注意后续的“维修及保养”。为了打造更高质量的工作环境，我希望各位设定以下这四个重要项目：

- 使命（Mission）
- 愿景（Vision）
- 价值基准（Value）
- 行动基准（Way）

其中的“使命”是要告诉大家，公司、组织为何而存在；“愿景”是公司、组织将来想要实现什么；“价值基准”是阐述在公司、组织当中的工作者要珍惜、重视什么；“行动基准”则是清楚定义员工在实际执行任务时，要以什么为基准采取行动。

## 早早定下规矩，你就不用每天耳提面命

为什么要设定这四个项目？因为若你每次都等状况发生后，才一个一个从头思考、确认、决定，真的很麻烦。若在事先就设定好，所有的人在执行业务时，无论发生什么状况，只要重新回想这四个项目就行了。

更棒的是，就算上头的人没有主动说明，团队成员也能意识到“我们的使命就是这个”，判断“现在的行动是否已经偏离行动基准”，从而自行修正做法，你就不必再像个唠叨的家长一样不断耳提面命。

为了让团队、公司能顺利在轨道上运作，请一定要根据实际情况设定这四个项目。

## 5. 用单纯对付复杂，从结论反推做法

尽管每个主管都想成为能看见大局，并以工作本质为重的聪明人，实际上却很难做到。提到“聪明”二字，不少人一定会联想到学习能力的高低，但请放心，比起聪明才智，职场上更重要的，其实是“地头力”。

“地头力”三个字，源自中国山东地区的农村用语，原指种子冲破土壤、向上生长的能力，后来被引申为**不靠任何知识就能解决问题，或是不受框架束缚，遇到状况不找借口，想尽一切办法克服困难的能力**。

当企业面临挑战时，若有人能快速反应、清楚地说出自己的逻辑和假设，并言之有理地说服众人，这种人就拥有高地头力，更是企业最需要的人才。

敝公司的合伙人之一细谷功，数年前曾出版了一本畅销书《锻炼你的地头力》。他在书中定义的地头力，指的是能“从结论出发，大胆提出假设”“掌握整体轮廓，再进行分类”“简化思考后，抓住问题本质”的思考能力。换言之，地头力由以下三个要素（思考力）构成：

- 从结论出发的“假说思考力”
- 从整体出发的“架构思考力”
- 简单思考的“抽象化思考力”

当你想厘清事物的本质时，只要从这三点去思考就行了。

## 从现实面往后退一大步

此外，细谷功更补充说明：想展现地头力，必须“从现实面往后退一大步思考”。这就和每天盯着计算机、手机，眼睛很容易近视一样，**你得站远一点才能看得更清楚**。当团队成员找你咨询时，其实不用想太多，简单从结论出发、掌握整体样貌，并单纯思考对策，你会发现，事情往往没有你想象中复杂。

## 6. 管理你的人缘和运气

成功的经营者、领导者，都具有人缘好、运气好的特质。他们不会因为身居要职而表现得高高在上，反而是走亲民路线，和公司上下都相处和谐。

或许会有人认为，“那是因为他们已经很成功了，你当然会这么说”，但好人缘和好运气真的可以靠管理得到。请各位掌握下列两个原则：

- 养成可以招来好人缘和好运气的习惯。
- 确切感受及掌握现在的人缘和运气。

对于以上这两点，我希望各位主管们能够积极执行。首先解释何谓“可以招来好人缘和好运气的习惯”，举例如下：

- 时时面露微笑。（不能皮笑肉不笑，你得发自内心的觉得开心。）
- 做事有效率，维持工作的“速度感”。
- 懂得取舍，不该是你的就潇洒地舍弃。
- 和人缘好的人做朋友。

### 好心真的会有好报

另外，关于“确切感受及掌握现在的人缘和运气”这个原则，则要有以下两点认知：

- 时时把“好运循环”（好心有好报）这件事放在心上。
- 正视情绪，清楚地意识到自己当下是偏向正面积极还是负面消极。

拥有好人缘和好运气的人，因为较常处在最佳状态，最能表现真实的自己；然而，当他们状况不好时（如被领导批评、进度落后），往往会做出违背自己真正想法的行为。换句话说，人只有在“最像自己”的状态下才能沉稳踏实，而为了营造能坦率做自己的环境，你得真诚地对周遭每个人表示谢意。

日本经营鬼才斋藤一人，就常把“时时心怀感谢”“活在当下，做好该做的每一件事”等口头禅挂在嘴边。

好主管除了要做好风险管理之外，也要做到“运气管理”（Luck Management），随时心怀感谢，好运自然就会到来。

## 7. 听见自己内在的声音，你就能引领自如

大家知道职场上最重要的“三个轮子”是什么吗？我大学毕业后进入瑞可利人力资源集团，第一件学到的就是这“三个轮子”，即“能做的事”（Can）、“想做的事”（Will）和“该做的事”（Must）。而**这三个轮子互相重叠的部分，就是能让你完全发挥长才的所在。**

前文提过的斯蒂芬·科维博士（见第六章），曾对这“三个轮子”深入研究，进而提出了“内在的声音”（Voice）一说，这一说由下列四个要件组成：

- 天赋（自己最擅长的是什么？）
- 需求（公司的需求是什么？）
- 热情（我真正想做的是什么？）
- 良心（我应该做些什么？不该做些什么？）

**这四个要件重叠之处，就是你“内在的声音”所在。**

相信各位主管、领导者们，都希望能在工作或人生中，找出自己的内在声音。当你能够倾听自己的心声，便能进一步引导员工，去发现自己的内在声音。而这些内在声音正是能让你活得神采奕奕、让工作更有意义的基石。

## 你开始动，别人就跟着动

那么，该怎么做才能发现自己的内在声音？

科维博士说，将上述四个要件逐一和领导者的属性重叠，就会出现“愿景”“自律”“欲望”和“道德”四个项目。而这四个项目是从人类的四个面——“良知”“肉体”“情绪”“精神”引导出来的：

- 用良知让自己的潜能和他人的需求产生连结。

- 为了实现愿景，你得控制情绪上的冲动和肉体的欲望（发挥自律心）。
- 但为了实现愿景，你也得让内心的热情和欲望涌现。（这是一种基于确信的力量，也是让人保持自律的原动力。）
- 在精神层面上，则要通过知道是什么是对、什么是错的道德观，鞭策自己贡献力量，做些有意义的事情。

如此一来，就可以让“内在的声音”变得更加明确且坚定。总而言之，主管的行动依据，始终都是内在的声音。当你能够驱动自己，自然就能影响员工和周围的人。

# 结语

## 最受人爱戴的，其实都是“狡猾”主管

看了这么多管理策略，大家觉得如何？相信从明天开始，你的管理方式就会不同于以往了。

请各位先从自己做起，成为一个好主管后，把员工、相关人等都一起拉进来，彼此信任并顺其自然地组成一支懂得自律、自动自发的团队，带着热情，朝着目标继续挺进。

关于主管该如何在不吃亏的情况下带领团队，我已经从各种角度为大家介绍过了。但讲了这么多管理的策略，请各位还是要以“绝不压榨、虐待员工”为原则。

乍看之下，主管好像很“狡猾”，都把工作推给了底下的人。但是，把工作交给员工其实是为了让他们成长，并为他们提供创造业绩的机会。

你“狡猾”地向员工求助，也是为了要让员工提升自己的重要感，好让主管和员工的关系更紧密；最重要的是，要他们学会自己动脑思考。

换言之，主管这么做全是为了培育并拔擢基层员工，而且我们还得“狡猾”地装出无害的样子——不摆架子、不盛气凌人，用亲切、亲和的态度赢得信赖。

只要你持续秉持着这种做法，就一定可以在员工之间形成好口碑。届时你一定会听到下列对话：

“不知道为什么，总觉得主管真的很‘狡猾’！”

“嗯……乍看之下是这样没错，但他真的是关心我们、为我们着想才这么做的，而且他总是有意无意地给我们机会，并提供协助呀。”

“是呀，我虽然觉得主管狡猾，但如果是他开口要我帮忙，我一定会去做。我其实还满崇拜他的！”

## 不得人心的主管，很难继续升职

其实大部分的员工都有个认知，那就是别真的和主管闹翻（否则日子就不好过了）。那些把自己搞得不得人心的主管，一定就是因为摆弄权限、对底下的人颐指气使所致。

在过去的年代，专横跋扈的主管就算在职场上以大欺小，员工们也必须忍耐，但现在这个时代，这种主管很难混得下去。现在是信息化社会，在处处讲求公开、透明的企业中，这种暴君型主管的一举一动，在公司内外一定都传得很快，而且现代的员工大多很有主见，他们一旦真的受不了你，绝对不会留恋，反正工作再找就有，何必留在这里受气？

提醒各位，**能帮助你升职加薪的，永远都是你底下的员工**，唯有当员工乖乖听从你的指示做事（不论他有没有意识到自己被指使），你才有机会做出好成绩、继续往上走；而一个遭员工唾弃的主管，自然也与升迁无缘。

## 主管必须乐在工作

主管身处公司的管理阶层，责任自然重大。公司把人力、预算及各项活动的资金编列下来，就是要我们通过极力争取客户，并利用各项商品和服务，赚取营业额及利润。

换句话说，我们就是这个“商业游戏”的领航者，自然必须先乐在其中，才有可能带领底下的人一起冲锋陷阵。如果我们不能先让自己快乐起来，工作迟早会出状况，不是“做法本身有错”，就是“做得不够多”。至于解决方法，我在前文都已经介绍过了。最后，我还要再补充两个重点。

### 一、当发生紧急状况时，你有胆量上阵吗？

把不重要的业务外包、努力“让自己不努力”，只要做好这两项要点，你和你的团队便能找到最有效率的做事方法。

但是，把业务外包，员工难免会有失败的时候。能够事先察觉征兆、防患未然当然最好，但总是有防不胜防的时候，这时主管的态度就非常重要了。

切记，千万不能动怒大骂："你在搞什么！""这是你的责任！自己想办法解决，我不想管了！"紧急状况发生时，主管临阵脱逃是最糟糕的表现。

你应该要借此机会，带头示范如何解决这样的难题。也就是说，你必须坐镇指挥，从询问员工"究竟发生什么事？说明一下状况！"开始，**共同研究应对方案，让胶着的状况动起来**。这虽然不是什么大不了的表现，但至少可以发挥稳定人心的效果，并团结众人一起克服困难。

## 二、你愿意担负起最后的责任吗？

我在第七章和各位提过，员工拥有的权限和责任是"执行"和"报告"；主管所拥有的权限和责任是"命令"和"结果"。

换句话说，大家一定要清楚知道，员工和主管的职责完全不同。但不管发生什么事情，主管一定要替最后的结果负责。

主管之所以为主管，以及主管的存在价值，就在于这个人**可以完全负起最后的责任**。

因为你对这件事有明确的认知和觉悟，团队才会相信你，你所扮演的角色才会有分量。简单来说，唯有如此，才能突显你的才干和气度。

为人主管必须灵活应用这些“狡猾”的管理策略，提升每位员工和团队的工作热情，并发挥领导力，让众人在岗位上各司其职。

记住，你并非孤军奋战，你拥有一整个团队。

# 后记

## 身为主管，我首度吐露的真心话

当初要写这本《管对：为什么好人主管不一定是好主管》之前，我担心很多地方会被读者误解而非常犹豫。但是，在我以人才顾问的身份，和企业经营者、领导者会谈时，我深深体会到主管带领员工时的辛苦、努力和烦恼。我想这本书一定能对他们有所帮助。一个转念之下，我决定挑战看看。

通过这本书，我把我在人才顾问公司的工作现场中学到的各种实例，毫无保留地介绍给大家。最重要的是，我是以主管的立场写下了这本书。所以全书的一字一句全都是真心话，大家觉得如何？

关于管理策略这个主题，光是章节安排我就

更换了五六次以上，每次都觉得好像差不多了，到最后又全部推翻、从头再来。我出版过多部著作，这是第一本让我在安排结构阶段就这么烦恼的书。

这本书的内容其实很普通，但我在撰写这本书的时候，大街小巷都在谈论人才管理市场过剩、“血汗企业”等问题，所以我把主管最理想的、管理人力时应有的态度，以最生动的方式写进书里。

从过去到现在，我从遇见的每位企业经营者、领导者身上学到了很多。虽然无法将他们的大名一一列出，但我真的庆幸能认识这些优秀的人才。

如果本书能为天天努力奋斗的主管、领导者们加油打气，并提供具体的解决方法，我将感到无比喜悦。